Sulla frontiera

Cinquant'anni dopo

1967-2017. I territori palestinesi occupati
e il fallimento della soluzione dei due Stati

di
Chiara Cruciati
Michele Giorgio

prefazione di
Roberto Prinzi

il megafono delle idee
Alegre

© 2017 **Edizioni Alegre** - Soc. cooperativa giornalistica
Circonvallazione Casilina, 72/74 - 00176 Roma
e-mail: redazione@edizionialegre.it
sito: www.edizionialegre.it

Analisi, notizie e commenti
www.**ilmegafonoquotidiano**.it

Indice

Prefazione

*di Roberto Prinzi**

Nella poesia *Un copione già pronto*[1] il celebre poeta palestinese Mahmud Darwish immagina di essere caduto in una fossa
con il suo nemico: «Io e lui, due complici in un'unica trappola,
due complici nel gioco delle probabilità aspettiamo la corda
della salvezza per riemergere, ognuno per sé, dal ciglio della
fossa-abisso verso quel che ci rimane di vita e di guerra, se mai
potessimo salvarci!».

A cent'anni dalla dichiarazione Balfour e a cinquant'anni
dalla Guerra dei sei giorni, quella fossa-trappola sembra essere l'immagine più calzante per descrivere lo stato dell'arte del
conflitto israelo-arabo-palestinese. Il "processo di pace" iniziato più di vent'anni fa – presentato al mondo, soprattutto da Usa
e Unione europea, come corda di salvezza per i palestinesi e gli
israeliani – non solo si è rivelato fallimentare, ma ha fornito anche una copertura legale alla parte più forte (Israele) per potersi
espandere su quel poco di territorio rimasto ai palestinesi.

Basta prendere una mappa della Cisgiordania per vedere
come i confini dello Stato ebraico vadano molto al di là della Linea verde che per il diritto internazionale dovrebbe separare i due Stati d'Israele e di Palestina. Emblematico, a tal

---

* Roberto Prinzi, giornalista e studioso del mondo arabo, è redattore dell'agenzia di
stampa *Nena News* e collaboratore dell'Istituto di studi politici San Pio V di Roma.

1 M. Darwish, *Il giocatore d'azzardo*, Mesogea, Messina 2015.

riguardo, è il percorso della "barriera di separazione" ("muro dell'apartheid" per i palestinesi) che, costruita da Tel Aviv a partire dal 2002 ufficialmente per difendersi dagli attentati terroristici, non corre quasi mai sui confini accettati internazionalmente d'Israele e del nascente stato di Palestina lacerando il paesaggio cisgiordano e proteggendo le centinaia di colonie e di avamposti israeliani costruiti sul suolo palestinese.

La duplice terminologia barriera/muro è solo uno degli esempi di un conflitto che prima ancora di essere violento è fortemente linguistico. Mai come nel caso d'Israele e Palestina, infatti, l'utilizzo di una parola piuttosto che un'altra non è frutto del caso né è un sinonimo ingenuo e innocente, ma comporta una differente visione politica e si carica di per sé di un valore politico.

Pensiamo alla parola "complesso" con cui spesso si suole descrivere il conflitto arabo-israeliano, termine quanto mai fallace perché nasconde e attenua le responsabilità di una parte rispetto ad un'altra ed evita volutamente di spiegare il perché si è giunti a questo punto-fossa. Se, infatti, è "difficile" comprendere le ragioni che hanno causato questo conflitto e ne garantiscono la sua continuazione, allora è chiaro che tutto diventa lecito: è possibile confondere chi occupa la terra e chi è occupato, chi opprime e chi è oppresso, giungendo non di rado a definire la violenza dell'autoctono palestinese come "irrazionale", "immotivata", figlia di una "cultura violenta".

Cinquant'anni di occupazione hanno giocato un importante ruolo in questa battaglia linguistica. Se i "quartieri" israeliani di Gerusalemme est sono in realtà colonie illegali (per il diritto internazionale) ed "equidistanza" e "processo di pace" sono termini volti a favorire Tel Aviv, resta da chiederci a cosa ci riferiamo quando pronunciamo o scriviamo la parola Palestina. In realtà, ormai, a ben poco: la fondazione dello Stato ebraico nel 1948 e la Guerra dei sei giorni del 1967, infatti, ci hanno consegnato almeno cinque differenti Palestina: la Cisgiordania, la Striscia di Gaza, Gerusalemme est, quella dei palestinesi cittadini israeliani e quella della Diaspora.

Questi ritagli di Palestina, indissolubilmente collegati gli uni agli altri, sono le coordinate attraverso cui muoversi per trovare una soluzione giusta a questo conflitto. È limitante e perniciosa però la lettura di chi attribuisce soltanto a Israele la "catastrofe" palestinese. I cinquant'anni di occupazione israeliana portano sul banco degli imputati innanzitutto i "fratelli" arabi. Tutto ciò è tanto più vero oggi quando molti di loro non nascondono più di cooperare con Tel Aviv (un tempo chiamata da loro con disprezzo "l'entità sionista"), ma anzi pensano addirittura di costituire con lei un blocco per fermare il "pericolo iraniano". La lotta intestina al mondo musulmano tra l'asse sciita e quello sunnita è l'aspetto più pericoloso per i palestinesi la cui sorte, al di là di una retorica affettata da copione, ormai interessa ben poco ai leader arabi.

Se da un lato Tel Aviv sa perfettamente che i suoi vicini non sono e saranno mai domati, dall'altro comprende che isolati internazionalmente, con una leadership di fatto cooptata (l'Autorità nazionale palestinese) e divisi politicamente, questi non potranno mai rappresentare una minaccia alla sua esistenza. Del resto cinquant'anni di occupazione e poco più di vent'anni del cosiddetto processo di pace hanno mutato profondamente la società palestinese che appare sempre più internamente polarizzata: da una parte vi sono coloro che beneficiano (chi più chi meno) dell'esistenza del governo di Ramallah e non vogliono rinunciare ai vantaggi che essa comporta ai loro interessi. Dall'altra, invece, vi è la popolazione dei campi profughi e delle aree rurali che, marginalizzate, sono represse doppiamente: prima ancora che dalle truppe israeliane, spesso da quelle delle forze di sicurezza dei loro connazionali.

Più complessa è la situazione nella Striscia di Gaza dove a governare con il pugno di ferro è dal 2007 il movimento islamico Hamas. Qui interessante da sottolineare è il recente sviluppo di gruppuscoli jihadisti conseguenza della più ampia islamizzazione e radicalizzazione registrate nei paesi arabi negli ultimi decenni. Cinquant'anni di occupazione hanno modificato e reso più complessa anche la società israeliana. Qui l'aspetto da evidenziare è l'influenza crescente dei nazionalisti religiosi, megafono delle istanze dei coloni.

La forza di un partito come La casa ebraica va però compresa solo se contestualizzata nel più ampio quadro interno che vede da anni la forte ascesa dei movimenti dei *settler* e di forze extraparlamentari fondamentaliste ebraiche. Più in generale, si può affermare che nello Stato israeliano è in atto da tempo un netto scivolamento a destra del mondo politico. Emblematica a riguardo è la variegata opposizione, i cui leader hanno fatto parte in passato di governi di coalizione guidati dal "rivale" Netanyahu, essendo parte in alcuni casi della storia stessa del suo Likud. Se certe differenze tra maggioranza e minoranza si possono rilevare in politica economica e sociale, in quella estera le divergenze sfumano. Il caso laburista è l'esempio più evidente. Secondo i labour, infatti, la pace con Ramallah – alle condizioni e ai diktat di Tel Aviv – è una necessità per lo Stato d'Israele per conservare la sua "ebraicità". In quest'ottica, l'espansione coloniale non è condannata in quanto violazione dei diritti dei palestinesi, ma perché potrebbe creare *de facto* uno stato unico dal Giordano al Mediterraneo. Una prospettiva da scongiurare assolutamente per le forze centriste perché vorrebbe dire l'annessione di altri "arabi" in Israele dando così un colpo mortale alla tanto agognata "maggioranza ebraica".

Interessante, invece, è la Lista araba unita, l'unione delle quattro forze parlamentari arabe presenti nello Stato ebraico. Diretta da Ayman 'Odeh, la coalizione rappresenta l'unica vera voce contraria alle attività governative, la sola a combattere con vigore alla Knesset i provvedimenti discriminatori contro il "settore arabo" della società israeliana implementati dall'esecutivo Netanyahu. Vista la scarsa forza che ha però d'incidere, resta da chiedersi se la sua lotta parlamentare è in fin dei conti più controproducente che utile alla causa dei palestinesi d'Israele laddove la sua presenza può rappresentare la foglia di fico della democrazia israeliana.

Più rilevanza meriterebbero poi le altre minoranze del paese a partire da quella degli etiopi che pur essendo ebrei si sentono esclusi dalla leadership ashkenazita. La discriminazione e la repressione che essi subiscono non è altro che figlia delle stesse pratiche realizzate dal governo nei territori occupati. Pur con le debite differenze, anche la questione dei richiedenti asilo sudanesi e eritrei presenti nel paese, si inserisce nel più ampio rifiuto israeliano di accettare l'alterità. Percepiti come "minaccia demografica", da anni l'esecutivo Netanyahu è impegnato in una dura battaglia legislativa per cacciarli. La loro lotta per ricevere uno status giuridico è trascurata colpevolmente dai palestinesi israeliani i quali percepiscono le loro proteste come estranee alla loro causa. Eppure non sono anche loro vittime della stessa ideologia sionista?

Sebbene per motivi molto diversi, nel campo delle "minoranze" rientrano a pieno titolo anche le forze di sinistra extraparlamentari (Ong, associazioni, gruppi di attivisti) contro cui l'establishment israeliano ha intrapreso da tempo una dura campagna legislativa volta a frenare le loro attività, definite anti-israeliane. Una lotta che trova larghi consensi non solo nell'estrema destra, ma anche tra i banchi dell'opposizione.

Ecco, dunque, che i cinquant'anni d'occupazione mostrano come quel fosso darwishiano in cui palestinesi e israeliani sono intrappolati non sia solo abitato da un "io e lui". Ma da tanti "dannati" che, intrappolati a differenti profondità, chiedono con forza di essere riconosciuti.

Cinquant'anni dopo

Introduzione

"Possibile che quei due popoli non abbiano ancora trovato la strada della pace?". "Basta con palestinesi e israeliani, è sempre la stessa storia". Quante volte in questi ultimi anni, conversando con amici e conoscenti su quanto accade in Medio oriente, abbiamo ascoltato questi commenti.

Stanchezza e indifferenza nei confronti della questione palestinese prevalgono nel nostro paese, in Europa e nel resto del mondo occidentale, dove ora l'opinione pubblica deve fare i conti con la guerra in Siria e i milioni di profughi che ha generato. Pesano senza dubbio anche i diffusi sentimenti di avversione all'islam e nei confronti degli arabi, in verità già presenti nelle nostre società prima degli attacchi terroristici compiuti a Parigi, Berlino, Bruxelles e altre città dagli uomini dello Stato islamico. Gaza, Cisgiordania, occupazione militare, insediamenti coloniali, confisca di terre, demolizioni di case: sono parole che per tanti non hanno più un significato.

Non si pronunciano più e se possibile non si ascoltano. E i giovani protagonisti di quella che è stata chiamata l'"Intifada dei coltelli" contro Israele, sono stati frettolosamente associati nella coscienza collettiva occidentale al terrorismo jihadista, sebbene la questione israelo-palestinese abbia le sue radici più vere e profonde nel controllo della terra e non nello scontro tra religioni.

Questo libro nasce dal desiderio di riportare sotto i riflettori la questione israelo-palestinese nell'anniversario, il cinquantesimo, di quella guerra divenuta nota come "dei sei giorni" che diede inizio all'occupazione militare israeliana di Cisgiordania, Gaza e la zona araba di Gerusalemme che continua ancora oggi. Riteniamo che il conflitto tra israeliani e palestinesi resti centrale nelle crisi che dilaniano il Medio oriente nel momento in cui un atteggiamento diffuso tende a metterlo in secondo piano, a considerarlo ormai irrilevante.

Pensiamo che non siano più sostenibili l'assenza di una soluzione per questo conflitto fondata sul diritto internazionale e la negazione del diritto dei palestinesi alla piena autodeterminazione. Più di tutto crediamo che occorra mettere fine a un'ingiustizia storica che si è trascinata da un secolo all'altro.

Nel libro facciamo un quadro della situazione sul terreno cinquant'anni dopo il 1967 nei suoi aspetti politici, economici e sociali, offrendo un background storico allo scopo di favorirne la comprensione. Abbiamo raccontato di trasformazioni e percorsi politici avvenuti in Israele e tra i palestinesi in questi cinquant'anni, a cominciare dalla crescita del radicalismo religioso. Per ovvie ragioni editoriali abbiamo dovuto comprimere in un numero di pagine limitato una vicenda storica complessa, densa, drammatica che merita uno spazio ben più ampio.

Siamo perciò consapevoli di non aver potuto dedicare l'approfondimento necessario ad alcuni aspetti di rilievo. Pensiamo comunque di avere posto in evidenza quelli che, a nostro giudizio, sono i punti essenziali per comprendere cosa rappresenti oggi l'occupazione militare dei territori palestinesi e i rischi connessi alle sue ramificazioni e di avere spiegato perché sia decisivo spegnere l'incendio più grande che da troppo tempo brucia in Medio oriente.

Chiara Cruciati
Michele Giorgio

A Stefano Chiarini,
Vittorio Arrigoni,
Maurizio Musolino

La perdita delle terre palestinesi dal 1947 a oggi

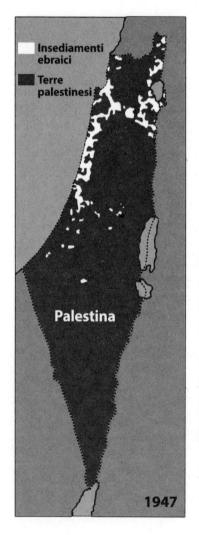

Insediamenti ebraici

Terre palestinesi

Palestina

1947

Terre israeliane

Terre palestinesi

Palestina

Gerusalemme
(Amm. UN)

Israele

**Piano
di partizione
1947**

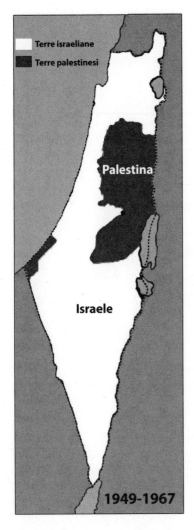

Terre israeliane

Terre palestinesi

Palestina

Israele

1949-1967

Terre israeliane
e territori occupati

Terre palestinesi

Oggi

Capitolo uno

La Guerra dei sei giorni e l'occupazione militare

Nella primavera del 1967 il giovane palestinese Anwar Hilal viveva ad Alessandria delle esperienze indimenticabili. «Avevo 19 anni ed ero in Egitto da pochi mesi, studente di ingegneria, assieme ad altri giovani della mia città, Beit Sahour, lì, proprio sotto Betlemme. Bei tempi quelli. Seguivamo i corsi, ripassavamo le lezioni e poi tutti a divertirci, senza mai trascurare la politica. La politica era il nostro pane».[1] Il presidente egiziano Gamal Abdel Nasser e il nasserismo erano al tramonto. Da lungo tempo si era esaurita l'esperienza della al-*Jumhūriyya al-'Arabiyya al-Muttaḥida*, la Repubblica araba unita che, per poco, aveva unito Egitto e Siria in un'unica nazione. E le monarchie arabe del Golfo non cessavano di colpire ai fianchi il panarabismo, che percepivano come una minaccia costante al loro potere di natura tribale. Nonostante ciò Nasser conservava il suo prestigio tra milioni di arabi e, per l'intero terzo mondo, Nasser era sempre Nasser. Tanti palestinesi credevano che solo l'Egitto, con a capo il suo carismatico presidente, fosse in grado di infliggere a Israele una sconfitta devastante, liberando la Palestina. Tutti poi speravano che Nasser potesse un giorno vendicarsi del pesante blitz militare che lo Stato ebraico aveva compiuto nel 1956 nel Sinai a sostegno di Gran Bretagna e Francia, decise ad impedire con la forza delle armi la nazionalizzazione del Canale di Suez proclamata dal Rais egiziano. Se Anwar studiava ad Alessandria

---

1   Intervista rilasciata il 10 ottobre 2016.

lo doveva proprio al leader egiziano che aveva aperto le università del suo paese agli studenti palestinesi (e non solo). «I corsi di laurea erano gratuiti – ricorda – la mia famiglia pagò solo per il volo da Qalandiya a Gerusalemme, fino al Cairo e per il mio mantenimento quotidiano. A quel tempo, quando i giordani controllavano la Cisgiordania e il settore est, arabo, di Gerusalemme [l'altra zona, la ovest, era sotto contollo dell'autorità israeliana, *n.d.r.*], noi palestinesi potevamo partire dall'aeroporto di Qalandiya per andare all'estero».

Tra contatti segreti e ambiguità

La guerra era nell'aria dopo anni di tensioni, scambi di accuse e avvertimenti, scontri armati occasionali e raid militari a ridosso della Linea verde, la demarcazione territoriale basata sull'armistizio che nel 1949 mise fine alla prima guerra tra arabi e israeliani. Il territorio israeliano indicato dalla Linea verde – dal nome del colore dell'inchiostro usato nei documenti ufficiali per tratteggiare i "confini" – racchiudeva circa il 78% dell'area dell'ex Mandato britannico sulla Palestina, quindi più del 56% previsto dal Piano di partizione approvato dall'Onu nel 1947. Le altre parti, come la Cisgiordania con la zona araba (est) di Gerusalemme e la Striscia di Gaza, furono occupate rispettivamente dal Regno hashemita della Giordania e dall'Egitto.[2] Il

2   Il Piano di partizione della Palestina elaborato dall'Unscop (United Nations Special Committee on Palestine) fu approvato dall'Assemblea generale delle Nazioni unite con la Risoluzione 181. Proponeva la spartizione del territorio palestinese fra due istituendi Stati, uno ebraico, l'altro palestinese, con Gerusalemme sotto controllo internazionale. Lo Stato ebraico comprendeva la zona costiera che si estende fra Haifa e Rehovot, a est la regione della Galilea e a sud il deserto del Negev, inclusa l'attuale città di Eilat, sul Golfo di Aqaba. Lo Stato palestinese doveva ricevere l'ovest della Galilea, Acri, la Cisgiordania e il tratto meridionale della costa che si estende dal nord di al Majdal (l'attuale Ashkelon), e comprendente Gaza, con una parte del deserto lungo la frontiera egiziana. Lo Stato ebraico era più ampio di quello palestinese e inoltre comprendeva la maggioranza delle terre costiere coltivabili. Al termine del primo conflitto arabo-israeliano il territorio assegnato allo Stato palestinese si ridusse ad appena il 22%. Israele nel giugno 1967 avrebbe occupato anche questa parte di Palestina.

re giordano Hussein, tra il 1948 e il giugno del 1967, oscillava tra varie posizioni. Da un lato manteneva contatti segreti con i leader israeliani, sulle orme della linea portata avanti dal nonno Abd Allah[3] alla ricerca di un'intesa permanente con lo Stato ebraico, e dall'altro si proponeva, a corrente alternata, come «difensore delle terre arabe dalle mire di Israele». I rapporti tra il sovrano hashemita e Nasser perciò erano stati molto spesso difficili, per evidenti differenze ideologiche. Si tenga conto che nel mondo bipolare di quel periodo, il leader egiziano sebbene si dichiarasse un "non allineato" era, di fatto, un alleato dell'Unione sovietica. Al contrario re Hussein aveva, sin dai primi mesi del suo regno, cercato di stringere i rapporti con gli Stati Uniti, oltre a mantenere quelli con la storica alleata Gran Bretagna.

Dall'inizio degli anni Sessanta, i programmi di armamento si erano intensificati, da una parte e dall'altra, e lo Stato di Israele, con la decisiva collaborazione della Francia, già da diversi anni era impegnato a dotarsi della bomba atomica, sfruttando il reattore nucleare che aveva costruito a Dimona, nel deserto del Neghev. Un'arma che Israele conserva ancora oggi in modo segreto ed esclusivo nella regione, nel silenzio-assenso dei suoi alleati occidentali. Lo Stato ebraico, al contrario di quanto ha sostenuto per anni la storiografia "ufficiale" – per accreditare la tesi della "piccola nazione accerchiata" che aveva saputo vincere "miracolosamente" contro l'intero mondo arabo – in realtà era superiore ai suoi avversari già nel 1948. Negli anni successivi, grazie alle alleanze strette in Occidente (e non solo), Israele era riuscito a dotarsi delle armi convenzionali più avanzate per quell'epoca. Fiore all'occhiello delle sue forze armate era (come oggi) l'aviazione, che sarebbe risultata determinante

---

3   Considerato dai palestinesi un traditore per le relazioni, neanche tanto segrete, che aveva avviato con i leader del movimento sionista prima del 1948 in qualità di emiro della Transgiordania e poi come re del Regno hashemita dopo la fondazione di Israele, re Abd Allah fu assassinato il 20 luglio del 1951 sulla Spianata della moschea di al-Aqsa, a Gerusalemme. In sua compagnia c'era il nipote Hussein che riuscì a sfuggire all'attentato. Il primogenito di re Abd Allah, Talal, incoronato poco dopo re, fu costretto ad abdicare nel giro di un anno per infermità mentale. Hussein divenne sovrano l'11 agosto 1952, all'età di sedici anni, e sarebbe rimasto sul trono fino alla morte avvenuta nel 1999.

per la vittoria nel 1967. Il merito di questa crescita militare era anche, se non soprattutto, di Levi Eshkol, scelto nel 1963 come primo ministro dal partito di maggioranza Mapai. Sostenuto, almeno inizialmente, dal padre storico di Israele, David Ben Gurion, Eshkol in politica era più moderato rispetto ai suoi predecessori e non amava prendere decisioni irrevocabili. Nel rafforzamento degli apparati militari invece era molto determinato. Mantenne per sé il portafoglio della difesa e diede ordine di modernizzare le forze corazzate. Al suo fianco ebbe come capo di Stato maggiore Yitzhak Rabin, un comandante militare prestigioso tra gli israeliani e odiato dai palestinesi che, ancora oggi, lo accusano di essere stato uno dei protagonisti della pulizia etnica nel 1948.

Israele bene armato ma "in pericolo"

Eshkol faceva anche del suo meglio per lasciar apparire, all'estero, Israele in costante pericolo di fronte al "potente mondo arabo", allo scopo di ottenere armi sempre più moderne. Avi Shlaim riferisce in *Il muro di ferro* del viaggio negli Stati Uniti del capo dell'aeronautica militare Ezer Weizman, incaricato di ottenere dagli americani aerei Skyhawks e quarantacinque A-6 Intruders. Prima della partenza, il premier Eshkol gli consigliò di presentarsi ai suoi interlocutori come uno «Shimshon der nebichdicker», un povero piccolo Sansone, un Sansone che muove alla compassione. «[Per Eshkol] Da un lato Weizman doveva mostrare un certo grado di debolezza per persuadere gli Stati Uniti a vendere gli aerei; dall'altro [il primo ministro] nutriva una grande fiducia nelle capacità dei propri piloti e non voleva che gli americani pensassero di avere a che fare con un'aviazione debole e di modeste dimensioni».[4] D'altronde Eshkol aveva goduto nel 1964 di un grande privilegio, che non era stato accordato neppure a Ben Gurion: l'invito

---

4   A. Shlaim, *Il muro di ferro. Israele e il mondo arabo*, Il Ponte, Bologna 2003, p. 257.

a visitare gli Stati Uniti. Dopo i dubbi espressi dal presidente Kennedy sul programma nucleare israeliano – Eshkol tentò di convincerlo che Israele non avrebbe mai prodotto armi atomiche – la presidenza di Lyndon Johnson accantonò le esitazioni avute sino a quel punto dagli americani e aprì la strada all'alleanza strategica tra Usa e Israele che si sarebbe saldata negli anni successivi e che continua sempre più stretta ancora oggi.

Dal presidente Johnson, Eshkol ottenne assicurazioni per la fornitura di nuove armi e aiuti per le infrastrutture civili. La dichiarazione congiunta che fu diffusa al termine dell'incontro a Washington, contro l'uso della forza e le aggressioni e in appoggio dell'integrità territoriale di tutti gli Stati del Medio oriente, fece apparire Eshkol come un moderato. Tuttavia la «volontà di pace» di Israele che il premier ripeteva durante ogni intervento negli Usa non trovò conferma alla prima occasione buona. Quando nel 1965 il presidente tunisino Habib Bourguiba si rivolse al mondo arabo per sollecitarlo ad abbandonare l'idea di combattere Israele e ad accettare il Piano di partizione della Palestina del 1947 sulla base del diritto al ritorno dei profughi, Eshkol formulò solo un interesse tiepido verso questa apertura, esprimendo solo apprezzamento per il «realismo» del leader nordafricano. Si mostrò inoltre debole nei confronti del Rafi, il nuovo partito fondato da David Ben Gurion – di cui facevano parte due personalità che sarebbero passate alla storia di Israele, Moshe Dayan e Shimon Peres – che lo attaccava per l'interesse che aveva espresso nei confronti delle dichiarazioni di Bourguiba.[5]

Comunque sia Eshkol, alla guida dello schieramento nato dalla fusione tra il Mapai e l'Ahdut HaAvoda, vinse le elezioni del 2 novembre 1965 sconfiggendo nettamente il Rafi e la destra. Formò un nuovo governo di coalizione e affidò l'incarico

---

5   Il Rafi si descriveva come una "formazione progressista", ma in realtà era noto come "il partito del nucleare", per la determinazione che ebbe per tutta la sua esistenza nel sostenere il programma atomico, evidentemente militare, di Israele. Ben Gurion accusò Eshkol in più di una occasione di aver ceduto alle condizioni americane per il controllo delle attività nella centrale di Dimona. Accusa del tutto infondata.

di ministro degli esteri al "falco" Golda Meir e in seguito alla "colomba" Abba Eban. Il primo ministro trovò in Eban l'uomo che cercava. Il capo della diplomazia israeliana per diversi anni avrebbe rappresentato la faccia pacifista dello Stato ebraico in giro per il mondo, mentre dietro le quinte si procedeva nella direzione opposta. Ne è una dimostrazione anche la decisione del governo israeliano di rifiutare alla fine del 1965 un invito rivolto al capo del Mossad (il servizio segreto) Meir Amit a recarsi al Cairo ad incontrare Abdel Hakim Amer, vicepresidente e vicecomandante in capo delle forze armate egiziane. «Non c'è ovviamente modo di sapere quale sarebbe stato il risultato dell'incontro», ha scritto Avi Shlaim, «tutto ciò che si può dire è che gli egiziani proposero un incontro di alto livello e gli israeliani lo rifiutarono».[6]

Più intensi furono invece i contatti con re Hussein di Giordania, grazie a Yaacov Herzog, direttore generale dell'ufficio del premier. Herzog già nel 1963 aveva incontrato il re hashemita a Londra nella clinica del dottor Emmanuel Herbert, medico di origine ebraiche e amico di Hussein. Le relazioni sotterranee tra Israele e la Giordania furono intense ed erano volte a trovare un'intesa sulle questioni di intelligence e ad evitare scontri lungo le linee di armistizio del 1949. Ciò non impedì a Israele, ad esempio, di infliggere a re Hussein una pesante umiliazione il 13 novembre del 1966 quando realizzò un'ampia operazione militare contro il villaggio di Samua, a sud di Hebron, in Cisgiordania. Sferrato in pieno giorno e con l'impiego di decine di carri armati, il blitz costò la vita a decine di soldati giordani e la distruzione di quarantuno abitazioni. Israele spiegò l'azione come una punizione per gli atti di sabotaggio lungo la Linea verde compiuti da palestinesi, ma finì per destabilizzare re Hussein che pure faceva la sua parte contro la nascente resistenza armata palestinese, che operava nel territorio giordano, spingendolo ad avvicinarsi al presidente egiziano Nasser.

6   A. Shlaim, *op. cit.*, p. 265.

La deterrenza aggressiva e la guerra dell'acqua

In realtà la politica estera e di sicurezza di Israele, nonostante la retorica pacifista di Abba Eban, restava ancorata alla strategia, condivisa da gran parte dei suoi leader politici, della deterrenza aggressiva, fatta di azioni descritte come "preventive", che avevano lo scopo di logorare gli arabi e di creare tensioni e scambi di accuse tra i loro leader. Quando si discute dei motivi che portarono alla rapida e clamorosa vittoria ottenuta da Israele nel 1967 contro le forze militari di tre paesi arabi – Egitto, Giordania e Siria – spesso si fa riferimento solo agli sviluppi avvenuti nei mesi precedenti alla Guerra dei sei giorni. Un esempio è la chiusura alla navigazione israeliana dei transiti navali di Tiran decisa dall'Egitto. In realtà le fondamenta del conflitto erano poste già da alcuni anni. Uno dei fattori scatenanti della nuova guerra fu sicuramente la "guerra dell'acqua" tra Israele e gli Stati arabi confinanti, in particolare la Siria,[7] paese dove il partito Baath che aveva preso il potere appoggiava apertamente i palestinesi. Nel 1959 Israele aveva varato il National Water Carrier per portare l'acqua del fiume Giordano e del lago di Tiberiade nel Neghev. L'impianto fu ultimato nel 1964. Il premier Eshkol era convinto che senza il predominio sull'acqua non sarebbe stato possibile realizzare gli obiettivi del movimento sionista che aveva creato Israele, con il rischio di mettere in discussione l'esistenza stessa dello Stato ebraico. Questa idea aveva riflessi immediati lungo le linee di armistizio con la Siria, dove scaramucce e scontri armati veri e propri

---

7   Eirat Haber, nel suo *Today War will Break Out*, alle pagine 95-96 cita il generale di brigata Israel Lior. «Nel nord si stava combattendo una guerra piuttosto pesante – afferma Lior – il conflitto era diretto dal capo di Stato maggiore Yitzhak Rabin insieme all'ufficiale incaricato del fronte settentrionale, Dado Elazar. Mi sembra che Rabin soffrisse di quella che chiamavamo la "sindrome siriana". Servire su questo fronte, davanti al nemico siriano, alimenta sentimenti di forte odio per l'esercito e la popolazione siriana. Credo che non ci sia paragone tra l'atteggiamento israeliano verso gli eserciti giordani o egiziani e quello nei confronti dell'esercito siriano... Amavamo odiarli. Rabin e Dado furono molto aggressivi nelle operazioni di combattimento sulle sorgenti idriche settentrionali. Incidenti sulle sorgenti e sul controllo delle zone demilitarizzate divennero una parte inseparabile della routine quotidiana».

tra le due parti andavano avanti dal 1949.[8] La Lega araba nel gennaio 1964 decise di adottare una posizione forte contro la deviazione delle acque del Giordano stabilita da Israele che avrebbe portato, inevitabilmente, alla riduzione delle risorse idriche per Siria e Giordania. Oltre a ordinare un ulteriore riarmo ai paesi membri, il summit arabo decise che il National Water Carrier e le altre azioni israeliane volte a prendere il controllo dell'acqua andavano fermate con la contro deviazione delle sorgenti del Giordano in Siria e Libano. Punti che furono ribaditi nel secondo vertice arabo che si tenne sempre nel 1964 ad Alessandria.

Israele prese molto sul serio quelle risoluzioni, anche se i suoi dirigenti politici e militari sapevano che il Comando unificato delle forze armate arabe, affidato a un egiziano, era solo un pezzo di carta. Eshkol riaffermò che Israele avrebbe continuato ad attingere dal lago di Tiberiade. E nei comandi militari qualcuno propose di utilizzare un incidente nella zona demilitarizzata tra Israele e Siria per prendere il controllo di una parte del territorio intorno alle sorgenti di Banias. In un caso intervenne anche l'aviazione per rispondere con bombardamenti al fuoco aperto da reparti siriani contro una pattuglia israeliana che, secondo Damasco, era entrata nel suo territorio. Quindi il capo di Stato maggiore Rabin si concentrò in una guerra contro i mezzi agricoli e i bulldozer siriani, colpiti anche a distanza di alcuni chilometri dalle linee di armistizio. «Durante la primavera e l'estate del 1965», scrive Avi Shlaim in *Il muro di ferro*, «gli israeliani provocarono una serie di incidenti per colpire i trattori siriani che erano stati spostati sempre più lontano dal confine. L'obiettivo era costringere i siriani a scegliere tra l'abbandono del progetto di diversione e il rischio di una guerra. Alla fine i siriani abbandonarono i lavori di diversione delle acque del Banias e i libanesi abbandonarono i loro preparativi per deviare l'Hasbani».

8   Su questo suggeriamo di consultare un approfondimento del docente Moshe Shemesh: *Prelude to the Six-Day War. The Arab-Israeli Struggle Over Water Resources*, «Israel Studies», Volume 9, Number 3, Fall 2004.

Israele quindi vinse la guerra dell'acqua. E la sua "deterrenza aggressiva" causò scontri accesi nello schieramento arabo. Di fronte alla Siria che voleva continuare a resistere, Nasser intimò gli altri leader arabi di intensificare il programma di armamento e di sospendere «per il momento» la lotta contro Israele per il controllo dell'acqua. Fondamentale fu l'intervento di Nasser anche sulle formazioni guerrigliere palestinesi alle quali fu proibito di intraprendere le loro azioni dalla Striscia di Gaza o dal Sinai. In ogni caso la cautela di Nasser, che evidentemente era a conoscenza, grazie alle informazioni che gli trasmettevano i sovietici, della superiorità militare israeliana, non fermò Rabin. Il capo di Stato maggiore israeliano, ancora colpito dalla "sindrome siriana", all'inizio del 1967 decise di far riprendere i lavori israeliani nella zona demilitarizzata con l'idea di rispondere con azioni sempre più dure a qualsiasi reazione siriana. Il 7 aprile, sei Mig siriani furono abbattuti dai caccia israeliani che, ad un certo punto, per affermare la loro vittoria sorvolarono Damasco, penetrando per la prima volta nello spazio aereo della Siria. Molti anni dopo, Moshe Dayan, in una serie di interviste concesse al giornalista Rami Tal di *Yediot Ahronot*, rivelò che l'80%, forse più, degli scontri armati di quel periodo nella zona demilitarizzata erano stati causati di proposito da Israele. Lo scopo non era solo difensivo. Dayan spiegò che il fine di quelle provocazioni era strappare alla Siria parti di territorio e di mantenerle fino a quando il nemico avrebbe perduto la speranza di riaverle.

Il disfattismo prevale tra gli israeliani

La superiorità militare che Israele dimostrava ad ogni occasione di scontro con le forze arabe, non trovava riscontro nelle strade del paese dove regnavano delusione, disfattismo, senso di impotenza. Tra molti israeliani si era diffusa l'idea del «fallimento dell'impresa sionista». Strano, e non poco. Perché nei 18 anni dalla sua nascita, mentre gran parte del popolo palestinese costretto a fuggire o cacciato via dalla sua terra, viveva in campi profughi sparsi per il Medio oriente in condizioni di estrema precarietà, sostenuto solo dal sogno di poter "ritornare" un giorno alle città e ai villaggi d'origine (in gran parte già demoliti, trasformati o resi invisibili), lo Stato di Israele aveva fatto eccezionali passi in avanti. Aveva assorbito un gran numero di immigrati ebrei e registrava livelli significativi di crescita economica. Più di tutto godeva di un eccezionale sostegno morale, oltre che materiale, da parte del mondo occidentale e dell'Europa in particolare. La sua apparente natura "socialista", dovuta al ruolo che avevano avuto nella sua teorizzazione, nascita e sviluppo le forze sioniste "progressiste", lo rendevano quasi "magico" agli occhi di tanti comunisti e socialisti europei. Per queste persone Israele rappresentava la salvezza e la rinascita del popolo ebraico dopo l'Olocausto e, al tempo stesso, la catarsi dell'Europa e del mondo cristiano per duemila anni di persecuzioni e massacri degli ebrei. Il sacrificio imposto ai palestinesi non creava particolare disagi a chi dava credito al movimento sionista quando ripeteva che la Palestina era una terra senza popolo, che aveva accolto un popolo senza terra. La vita nei kibbutz israeliani – le imprese collettive di cui si favoleggiava nei discorsi e negli articoli dei giornali in Europa – affascinava gli intellettuali di sinistra. Trascorrere un periodo a lavorare in quelle comunità era un *must*. Ben pochi pensavano di dover visitare i campi profughi palestinesi sparsi nel mondo arabo. Non era contemplato rendersi conto degli "effetti collaterali" della nascita di Israele.

Gli israeliani per tutti gli anni Cinquanta e i primi Sessanta si erano sentiti orgogliosi del loro paese. Grazie allo sviluppo economico, agli aiuti internazionali e al welfare garantito dai governi, si era formata una piccola borghesia che puntava più al consumismo che alla conservazione del modello socialista che affascinava gli europei di sinistra. La rappresentazione di questo era via Dizengoff, a Tel Aviv, dove accanto ad automobili europee e americane circolavano anche quelle di produzione israeliana con nomi in ebraico: Sussita, Carmel, Gilboa e la sportiva Sabra. La casa giapponese Hino assemblava in Israele la Contessa, un'auto di cui, spiegava una nota pubblicità dell'epoca, «non si poteva fare a meno». La sera gli abitanti della città costiera affollavano caffè e ristoranti che assomigliavano a quelli di Londra e Parigi e dove il polacco, il russo, lo yiddish erano lingue ancora preferite all'ebraico, sconosciuto a chi era immigrato da poco in Israele. I *gvarvarim*, termine coniato dal settimanale *HaOlam HaZeh* per descrivere i giovani disimpegnati e alla perenne ricerca di svago, trascorrevano il tempo a flirtare con donne libere e disinibite. Il giornalista e storico Tom Segev descrive nel suo libro *1967*[9] l'atmosfera di quel periodo e riferisce della decisione presa al Cafè Kassit dal reporter Amos Kenan e dallo scultore Tumarkin di inviare una lettera al premier Eshkol per informarlo che entrambi avrebbero violato la legge per entrare nelle "zone militari chiuse" in cui vivevano gli "arabi". Già, perché nello Stato di Israele di orientamento socialista circa trecentomila palestinesi, quelli che erano riusciti a rimanere nella loro terra dopo il 1948 e i loro figli e nipoti, vivevano sotto un rigido regime militare. Definiti ufficialmente "arabo israeliani", questi palestinesi, pur essendo cittadini di Israele e avendo diritto di voto, dovevano richiedere permessi alle autorità militari per lavorare, per svolgere anche semplici attività quotidiane e per spostarsi da una città all'altra. La condizione degli arabo israeliani era giustificata da gran parte della popolazione ebraica che li considerava la rappresentazione interna del "nemico" che, dall'esterno, "minacciava Israele". Solo a partire dal 1966 questi palestinesi non saranno più tenuti sotto chiave.

La leggerezza cominciò a sparire da via Dizengoff verso la fine del 1964. La prima vera recessione economica, unita a un rallentamento dell'immigrazione ebraica, creò prima un senso di disorientamento e poi il convincimento del "fallimento dell'impresa sionista". A ciò si devono aggiungere le tensioni

9   T. Segev, *1967. Israel, the War, the Year that Transformed the Middle East*, Macmillan, Londra 2007.

sociali causate dalla questione delle discriminazioni alle quali erano soggetti i *mizrahim*, gli ebrei giunti dai paesi arabi, e del predominio in ogni aspetto della vita politica, economica e sociale degli *ashkenaziti* (ebrei europei), teorizzatori del sionismo e fondatori dello Stato di Israele. Migliaia di ebrei andarono via da Israele e non sarebbero più tornati, altri erano depressi perché non ritrovavano più nel paese gli ideali di sacrificio incarnati dai primi pionieri sionisti. Riportò un po' di euforia l'impresa di Abie Nathan, un ex pilota militare proprietario del Cafè California a Tel Aviv, divenuto poi un noto pacifista, intenzionato a incontrare Nasser. Il 28 febbraio del 1966 decollò con un piccolo aereo verso l'Egitto. Non arrivò mai al Cairo. Atterrò a Port Said, dove degli increduli militari egiziani lo accolsero bene, lo rifocillarono e lo rifornirono di carburante prima di invitarlo a ritornarsene da dove era venuto. La sua impresa, largamente seguita dai giornali, e il suo ritorno sano e salvo a casa, avrebbero dovuto indurre i dirigenti politici e i comandi militari israeliani a considerare con più attenzione le aperture, dietro la scena ufficiale, che arrivavano dall'Egitto e dal mondo arabo.

Verso la guerra

Tra la fine del 1966 e l'inizio del 1967 nell'opinione pubblica israeliana, bombardata di continuo dagli allarmi che arrivavano dall'alto a proposito della minaccia araba all'esistenza dello Stato ebraico, continuò a diffondersi l'idea che il paese non avrebbe resistito a un'offensiva militare degli arabi coalizzati. E la preoccupazione della "prossima fine di Israele" non tardò a raggiungere gli Stati Uniti e l'Europa. «I comandi delle forze armate invece sapevano bene che Israele era superiore militarmente agli Stati arabi e in grado di sconfiggerli in una nuova guerra, però non facevano nulla per tranquillizzare la popolazione», afferma il giornalista e politologo Michel Warschawski. Egli riferisce inoltre di un approfondito colloquio avuto su questo punto, alla fine degli anni Ottanta, con il generale Mattityahu (Matti) Peled, uno dei comandanti militari più prestigiosi di Israele, protagonista della vittoriosa Guerra dei sei giorni, che sarebbe divenuto dopo il 1967 un apprezzato arabista e un ardente sostenitore della trasformazione di Israele da Stato sionista a Stato binazionale, per ebrei e palestinesi insieme. «Matti Peled – riferisce Warschawski – spiegò che sebbene gli arabi avessero rafforzato i loro eserciti grazie agli aiuti sovietici, comunque restavano indietro rispetto alla preparazione delle nostre forze armate e alle armi in possesso di Israele. In particolare l'addestramento dei nostri piloti e gli aerei in nostro possesso ci garantivano il controllo dei cieli e la capacità di colpire duro e in profondità».[10] Warschawski ricorda bene quel periodo. Nel 1967 aveva 18 anni. Figlio del rabbino capo di Strasburgo era arrivato in Israele tre anni prima e frequentava l'istituto scolastico Mercaz HaRav, ancora oggi il principale laboratorio del sionismo religioso. «Eravamo una famiglia di ebrei ortodossi e la mia istruzione fino al diploma è stata prevalentemente religiosa» racconta. «In Israele ci venni da solo, anche se ero soltanto un ragazzino, con il pretesto di approfondire a Gerusalemme lo studio del Talmud». In realtà, prosegue, «la religione con le sue rigide regole mi stava stretta e andare in Israele mi sembrò un buon motivo per convincere mio padre a lasciarmi partire». La passione politica avrebbe presto avuto il sopravvento sul giovanissimo Warschawski che, una volta approdato all'Università ebraica di Gerusalemme, avrebbe abbracciato la causa del marxismo e dell'antisionismo, fino a diventare, con il nome di battaglia (politica) di "Mikado", uno degli esponenti più noti della sinistra ebraica più radicale e alleata dei palestinesi. «Gerusalemme, a quel tempo divisa in due parti da un muro, era davvero una città di frontiera» racconta ancora Warschanski, «non pochi israeliani salivano sui tetti degli edifici più alti nei pressi del muro di divisione tra est e ovest per osservare la parte araba sotto il controllo della Giordania.

10   Intervista rilasciata il 13 ottobre 2016.

Nel 1967 la gente era sicura che presto sarebbe arrivata una nuova guerra. Molti credevano che il nostro esercito fosse impreparato e poco armato, e i giornali, con articoli firmati da editorialisti famosi, alimentavano questi timori. La realtà però era ben diversa, come mi disse il generale Peled. I comandi militari non avevano affatto paura della guerra, sapevano che potevano vincerla».

L'ex studente universitario ad Alessandria Anwar Hilal ha ancora ricordi precisi di quei giorni. «Sapevamo che la nuova guerra sarebbe arrivata presto. Ne parlavamo tutti i giorni con i giovani egiziani. Noi studenti palestinesi ci speravamo, la volevamo. Tutto ci portava a credere che l'ora della sconfitta per i sionisti che avevano occupato la Palestina fosse vicina, la vittoria ci sembrava inevitabile, nessuno ne dubitava». Non lasciavano dubbi sulla vittoria le trasmissioni di *Sawt al Arab*, La voce degli arabi, l'emittente radio del Cairo che, in onde corte, aveva diffuso nella regione l'ideale panarabista di Nasser e offerto sostegno all'anticolonialismo e all'antimperialismo, accompagnandole con i brani favolosi di Umm Kulthum, la musa egiziana della musica che a quel tempo faceva correre con la sua voce un brivido lungo la schiena di milioni di arabi. Il direttore e speaker principale di *Sawt al Arab*, Ahmed Said, esortava i palestinesi e gli arabi ad avere fiducia perché, sosteneva, le nuove armi in possesso dell'Egitto e di altri paesi arabi avrebbero ridotto Israele all'impotenza. «Ahmed Said era molto persuasivo – ricorda Anwar Hilal – riferiva dei progressi fatti dalla macchina bellica egiziana e dell'indebolimento di Israele, a suo dire sempre più isolato e privo di risorse. E noi giovani, arabi e palestinesi, gli credevamo, il dubbio che fosse solo propaganda non ci ha mai sfiorato nei mesi che precedettero la Guerra dei sei giorni».

Respirava questa "vittoria sicura" anche Jamil Hilal, fratello maggiore di Anwar, che già da qualche anno viveva in Gran Bretagna, dove tra gli studi e i primi incarichi di ricercatore universitario, alternati per qualche tempo al lavoro da operaio in fabbrica, affinava la sua formazione di militante della sinistra e poneva le basi che lo avrebbero portato anni dopo a diventare un intellettuale di prestigio e il maggiore sociologo palestinese. «Trascorrevo parte del mio tempo in un ambiente internazionale, formato da studenti e docenti che arrivavano da ogni parte del mondo – racconta – in cui Nasser era un modello non solo per noi arabi. Certo lo sguardo era rivolto principalmente al Vietnam e alla guerra che gli Stati Uniti combattevano in quel paese. Nel frattempo era cresciuto l'interesse per il mondo arabo e cominciava a svanire l'immagine positiva di cui Israele aveva goduto tra i giovani occidentali per molti anni. Furono mesi importanti, resi ancora più stimolanti dai discorsi sulla guerra in Medio oriente che si avvertiva sempre più imminente. Tra gli arabi e i palestinesi nessuno dubitava della vittoria su Israele».[11]

Tra i palestinesi peraltro si sapeva ancora poco di quei gruppi formati da esuli e profughi – come Faruq al-Qaddumi, Salah Khalaf, Yasser Arafat, Muhammad Abu Yusef al-Najjar – che avevano dato vita al movimento Fatah (Harakat al-Tahrir al-Watani al-Filastini) e si apprestavano a lanciare quella che sarebbe divenuta nota negli anni a venire come la "rivoluzione palestinese", spina del fianco di Israele e molto temuta anche da re e leader arabi. Nessuno tra i palestinesi di Gerusalemme est, della Cisgiordania e della Striscia di Gaza e tra quelli in Israele poteva immaginare che da lì a poco Arafat avrebbe ottenuto il controllo e trasformato radicalmente l'Organizzazione per la liberazione della Palestina (Olp) – fino a quel momento una struttura di facciata, senza alcun ruolo incisivo, creata dai paesi arabi nel summit del 1964 – in modo da prendere il volante della lotta a Israele. Nessuno sapeva che dopo il 1967 ci sarebbe stato un fiorire di formazioni di sinistra, come il Fronte popolare per la liberazione della Palestina, all'interno e anche all'esterno dell'Olp.[12]

11   Intervista rilasciata il 18 ottobre 2016.

12   Sulla storia del movimento di liberazione palestinese esiste una nutrita bibliografia, soprattutto in lingua francese e inglese. Tra le pubblicazioni in lingua italiana, consigliamo la lettura di *Yasser Arafat e la rivoluzione palestinese. Dalla nascita di al-Fatah alla storica stretta di mano a Washington* di Andrew Gowers e Tony Walker (Gamberetti, Roma 1994) e *Storia dell'Olp. Verso lo stato palestinese* di Alain Gresh (Edizioni Associate, Roma 1988).

Di sicuro non ne era consapevole Jamal Hilal, fratello minore di Anwar e Jamil, a quel tempo solo un ragazzino che avrebbe visto i giordani lasciare, quasi senza combattere, Beit Sahour e l'inizio di una nuova interminabile occupazione, quella israeliana.

Non ci sono prove e documenti in grado di accreditare senza ombra di dubbio che Israele cercasse una nuova guerra e che la volesse per allargare i suoi territori e dare nuovo slancio al fervore sionista che si stava affievolendo tra la sua gente. È antistorico però dare ancora oggi validità alla tradizionale versione israeliana delle circostanze che portarono al nuovo conflitto, accompagnata dal mito del piccolo Davide capace, grazie ad abilità e intelligenza, di anticipare il Golia arabo pronto a lanciare un potente attacco per distruggere lo Stato ebraico. Versione smentita anche da alcuni storici israeliani. «Di tutte le guerre arabo-israeliane quella del giugno 1967 fu la sola che nessuna delle due parti avesse veramente voluto. La guerra risultò dalla generazione di una crisi che né Israele né i suoi nemici furono in grado di controllare» scrive Avi Shlaim che poi aggiunge «Israele causò inavvertitamente questo disastro tentando di costringere, con minacce, il regime siriano a porre fine al supporto dei guerriglieri palestinesi. Il 12 maggio 1967, in un'intervista rilasciata a un quotidiano, [il capo di Stato maggiore] Yitzhak Rabin dichiarò di voler rovesciare il regime siriano... Il 13 maggio fu lo stesso [primo ministro] Eshkol ad affermare che non poteva sussistere alcuna immunità per uno Stato che aiutava i sabotatori e che Israele avrebbe potuto impartire alla Siria una lezione ancora più severa di quella del 7 aprile. Anche altri personaggi pubblici usarono in linguaggio forte».[13]

Questo linguaggio fu letto nel mondo arabo come la palese intenzione di rovesciare con la forza il governo siriano e destò forte allarme a Mosca, che considerava fondamentale l'alleanza tra Urss e il partito Baath al potere a Damasco. I sovietici inviarono un rapporto a Nasser secondo il quale Israele stava ammassando truppe al confine siriano. Nasser non ne era

---

13   A. Shlaim, *op. cit.*, p. 275.

convinto. La sua leadership del mondo arabo però era a rischio, non poteva rimanere a guardare, l'intera regione aspettava le sue mosse, senza dimenticare che aveva firmato un accordo di difesa reciproca con la Siria. Pesavano anche le critiche che gli aveva rivolto la Giordania l'anno prima, per essere rimasto inerte di fronte al pesante attacco israeliano a Samua, in Cisgiordania. Il presidente egiziano quindi cominciò ad ammassare truppe nella penisola del Sinai, espulse il contingente Unef[14] da Gaza e dal Sinai, occupò le posizioni dell'Unef a Sharm el-Sheikh e il 22 maggio chiuse gli stretti di Tiran. Questa ultima mossa per Israele rappresentò un *casus belli*. Voleva capovolgere a suo vantaggio la filosofia di Israele di imporre ai nemici il proprio volere. Perse la scommessa, ma non voleva la guerra. Avi Shlaim scrive che «I commentatori sono d'accordo nel sostenere che Nasser non volesse o avesse pianificato di entrare in guerra contro Israele. Ciò che fece il leader egiziano fu imbarcarsi in una politica di rischio calcolato che però lo avrebbe condotto oltre l'orlo del precipizio».[15] Allo stesso tempo in Israele il premier Eshkol era sotto pressione, accusato di debolezza dal partito Rafi – David Ben Gurion, Shimon Peres e Moshe Dayan –, tanto che fu costretto ad accettare la formazione di un governo di unità nazionale in cui assegnò il Ministero della difesa a Dayan. Su di lui pesarono molto le due settimane precedenti al conflitto, note in Israele come "il periodo dell'attesa", durante il quale prevalse una psicosi collettiva. Sebbene lo Stato ebraico fosse palesemente più forte dei suoi avversari, gli israeliani, e così in Occidente, pensarono che quelli fossero gli ultimi giorni dello Stato ebraico. Il clima coinvolse lo stesso capo di Stato maggiore Rabin, colto da una crisi nervosa la sera del 23 maggio che lo tenne fermo a casa per quasi due giorni. Il "pericolo" di un attacco arabo, egiziano in

---

14   L'Unef è stata la prima forza di emergenza delle Nazioni unite e aveva avuto il compito di mettere fine alla crisi di Suez del 1956, garantendo il completamento del ritiro dai territori egiziani che Israele aveva occupato.

15   A. Shlaim, *op. cit.*, p. 276.

particolare, era invece remoto. Lo stesso presidente americano Johnson, incontrando in quei giorni il ministro degli esteri israeliano Abba Eban, escluse l'intenzione di Nasser di scendere in guerra e assicurò forti pressioni politiche per far riaprire gli stretti di Tiran. Le forze armate israeliane invece premevano per l'inizio di una vasta offensiva militare. In gioco, spiegarono i comandanti militari durante quella che è passata alla storia come "la notte dei generali", non c'era la riapertura del mar Rosso alla navigazione israeliana, che comunque sarebbe avvenuta grazie al lavoro delle diplomazie occidentali, bensì la riaffermazione del potere di dissuasione e deterrenza di Israele.

Eshkol però esitava. Cambiò idea solo dopo una veloce missione negli Usa del capo del Mossad, Meir Amit, che ottenne una parziale copertura dell'azione militare israeliana dal segretario alla Difesa McNamara. La sera del 4 giugno il governo Eshkol votò per la guerra, su forte insistenza del ministro della difesa Moshe Dayan e di quello del lavoro Yigal Allon.

I sei giorni che sconvolsero il Medio oriente

L'attacco israeliano cominciò all'alba del 5 giugno con un massiccio raid aereo che distrusse al suolo l'intera aviazione egiziana. Poche ore dopo si levarono in volo i cacciabombardieri di Siria, Giordania e Iraq che solo in pochi casi riuscirono a colpire il territorio israeliano. Nel solo primo giorno di guerra furono distrutti sulle piste di decollo o in volo circa 400 aerei arabi. Eserciti che la propaganda israeliana aveva descritto per anni come temibili e potenti, si sciolsero come neve al sole. Siriani ed egiziani cercarono di opporre qualche resistenza, ma la rapidità e l'incisività dell'offensiva israeliana costrinsero i comandi al Cairo e a Damasco a ordinare alle proprie truppe un disordinato ripiegamento. Con la Giordania Eshkol e Rabin furono molto cauti, lasciarono tempo alla monarchia hashemita per trovare una via d'uscita politica che gli evitasse la sorte di Egitto e Siria. Non lanciarono subito le truppe all'assalto di Gerusalemme est e della Cisgiordania. Tuttavia i colpi di cannone sparati verso la zona ovest, ebraica della città, dall'artiglieria giordana, per ordine di un generale egiziano (il 30 maggio re Hussein aveva firmato a sorpresa un patto di alleanza militare con Nasser), facilitarono le decisioni. Il 10 giugno, dopo un'operazione di paracadutisti, Israele prese il controllo anche di Gerusalemme est, che si aggiunse alla Cisgiordania, alle alture del Golan strappate alla Siria e all'intero Sinai egiziano fino al Canale di Suez. Le truppe di re Hussein di fatto non difesero la Cisgiordania anche se ciò non è scritto in alcun libro di storia in uso nelle scuole giordane. A fermare i carri armati e gli aerei israeliani furono i sovietici che interruppero le relazioni diplomatiche con lo Stato ebraico e minacciarono di intervenire militarmente.

Il 10 giugno Moshe Dayan, Yitzhak Rabin e il comandante della regione centrale Uzi Narkiss entrarono nella città vecchia di Gerusalemme, passando per la Porta dei leoni. In quel giorno Israele, il piccolo Davide che nell'immaginario di milioni di persone in tutto l'Occidente chiedeva soltanto di esistere in Medio oriente, evidenziò la sua vocazione espansionistica decidendo di tenersi tutta Gerusalemme, inclusa la parte araba (est) conquistata nella guerra-lampo che non avrebbe mai più restituito ai palestinesi, neanche in cambio di quella pace che i suoi leader politici sostenevano di avere come unico obiettivo. Le foto dei soldati israeliani abbracciati in lacrime, con lo stupore stampato in volto, davanti al muro del pianto, il luogo santo dell'ebraismo, convinsero il mondo del nuovo "miracolo": l'intera Gerusalemme era tornata dopo migliaia di anni sotto il controllo di Israele. Le parole che Moshe Dayan pronunciò quel 10 giugno sono uguali a quelle che oggi, cinquant'anni dopo, pronunciano i leader della destra al potere in Israele. «Questa mattina l'Idf [le forze armate, *n.d.r.*] ha liberato Gerusalemme. Abbiamo riunito la Gerusalemme divisa, la capitale di Israele che era stata divisa in due. Abbiamo fatto ritorno ai nostri luoghi più sacri e siamo tornati per non abbandonarli mai più», proclamò perentorio il ministro della difesa riempiendo d'orgoglio chi all'impresa sionista non aveva mai voluto porre limiti territoriali. «Molti israeliani rifiutavano di rinunciare all'originale sogno sionista... alcuni politici israeliani, incluso Ben Gurion, e diversi generali dell'Idf non avevano mai escluso un'azione militare per espandere lo Stato oltre la Linea verde», ricorda Tom Segev.[16] E all'improvviso la religione che tanto lontano appariva dagli interessi dei laicissimi "padri fondatori" di Israele e che era sconosciuta nei kibbutz frequentati dai volontari internazionali, rivelò la sua centralità nella narrazione israeliana. Avi Shlaim riferisce che il generale Shlomo Goren, rabbino capo dell'esercito israeliano, avvicinò Uzi Narkiss per esortarlo a cogliere una grande opportunità. «Poco prima della sua morte, avvenuta nel 1997, Uzi Narkiss rivelò i dettagli di una conversazione avuta con il generale Goren il 7 giugno del 1967, quando si trovavano sul Monte del tempio [la Spianata delle moschee di Gerusalemme, *n.d.r.*] dopo il rituale suono del corno presso il muro del pianto. Si respirava un'atmosfera di euforia spirituale. I paracadutisti giravano intorno stupefatti. Narkiss stava in disparte, profondamente immerso nei propri pensieri, quando Goren gli si avvicinò e gli disse "Uzi, questo è il momento di piazzare un centinaio di chili di esplosivo nella moschea di Omar [la Cupola della roccia, *n.d.r.*], così ce ne sbarazzeremo una volta per tutte"».[17] Narkiss per fortuna non diede ascolto al generale rabbino Goren. Tuttavia lo status della Spianata delle moschee, il Monte del tempio per gli ebrei, è tornato di strettissima attualità negli ultimi anni, con gli ultranazionalisti che chiedono di imporre la piena sovranità israeliana sul luogo sacro, terzo luogo santo dell'islam. Il 18 giugno 1967 la città vecchia e Gerusalemme est furono proclamate unilateralmente parte della "capitale" di Israele.[18] La risoluzione 242, approvata qualche mese dopo dal Consiglio di sicurezza dell'Onu, chiese

---

16   T. Segev, *op. cit.*, p. 7.

17   A. Shlaim, *op. cit.*, p. 284.

18   Nel 1980 la Knesset, ha approvato una "legge fondamentale" che dichiara Gerusalemme «unita ed indivisa» capitale di Israele, un atto giudicato contrario alla legge internazionale dalla risoluzione 478 del Consiglio di sicurezza dell'Onu.

invano il «ritiro delle forze israeliane dai territori occupati nel corso del recente conflitto», inclusa Gerusalemme, e il rispetto del diritto di ogni Stato dell'area «a vivere in pace all'interno di confini sicuri e riconosciuti, liberi da minacce o da atti di forza».

La sconfitta araba e i palestinesi

Nelle stesse ore in cui in Israele si festeggiava la vittoria militare, ad Alessandria Anwar Hilal viveva il dramma della rovinosa sconfitta araba assieme a decine di milioni di persone in tutto l'Egitto. «Nei primi due giorni della guerra noi studenti eravamo certi della vittoria» ricorda Hilal «Ahmed Said su *Sawt al Arab* riferiva di colpi devastanti subiti dalle forze israeliane e di imprese eroiche dei soldati egiziani e degli altri eserciti arabi. Poi capimmo che le cose andavano in modo ben diverso grazie alle informazioni che raccoglievamo da altre stazioni radio arabe ed europee. Il quinto giorno le dimensioni della sconfitta erano chiare a tutti. Scendemmo nelle strade di Alessandria assieme a centinaia di migliaia di egiziani. Piangevamo, ci disperavamo, incitavamo alla rivincita. Soprattutto respingevamo le dimissioni presentate dal presidente Nasser, per noi non era lui il colpevole della disfatta». Nasser ritirò le dimissioni ma il panarabismo e il nasserismo erano finiti per sempre. Per questa bruciante sconfitta gli arabi coniarono il nome di *Naksa*, la caduta, che andò ad aggiungersi ad un altro tragico nome, la *Nakba*, la catastrofe subita dal popolo palestinese nel 1948. La Naksa convinse ancora di più i palestinesi che era venuto il momento di liberarsi della inutile e dannosa tutela del mondo arabo e di determinare da soli il proprio destino. Negli anni successivi Israele avrebbe compreso a sue spese che la Guerra dei sei giorni aveva portato sulla scena il popolo palestinese e l'Olp. Anwar Hilal riuscì a tornare a Beit Sahour, solo un anno dopo. La sua famiglia riuscì a inserirlo nel censimento della popolazione palestinese svolto dai nuovi occupanti israeliani. Non fu altrettanto fortunato il fratello Jamil, al quale Israele ha consentito il ritorno nei territori palestinesi occupati solo dopo la firma degli accordi di Oslo con l'Olp nel 1993.

In Israele, appena smisero di sparare le armi, si cominciò a discutere del futuro delle terre strappate a siriani, egiziani e giordani. Se tutte le forze politiche, tranne rare eccezioni, approvavano l'annessione di Gerusalemme est, sul resto dei territori occupati invece regnava l'indecisione. La destra che si rifaceva al sionismo revisionista di Ze'ev Jabotinsky chiese di tenere presente che parte di quei territori, ossia la Cisgiordania, facevano parte di *Eretz Israel*, la biblica Terra di Israele. Prevaleva però l'orientamento dei laici di usarli come merce di scambio per arrivare alla pace con il mondo arabo, "terra in cambio della pace". Il 19 giugno del 1967, all'unanimità, il governo Eshkol approvò una risoluzione con la quale si proponevano trattati di pace con Egitto e Siria sulla base dei confini tracciati nel 1949 – la Giordania per il momento fu lasciata fuori proprio per l'importanza della Cisgiordania – in cambio della restituzione del Sinai e del Golan. Il ministro degli esteri Eban la illustrò anche agli Stati Uniti. Non è chiaro però se quel documento abbia mai raggiunto il Cairo e Damasco. Con il passare delle settimane non pochi ministri cambiarono parere, proponendo "aggiustamenti territoriali". Quella proposta di pace, la più avanzata formulata da Israele nella sua storia, fu annullata formalmente quattro mesi dopo. Al suo posto si preferì la cosiddetta "opzione giordana"[19] che prevedeva il coinvolgimento del regno hashemita nella definizione dello status della Cisgiordania.

D'altronde anche l'interpretazione israeliana della risoluzione 242 del Consiglio di sicurezza dell'Onu fu diversa da quella offerta dagli arabi. Israele, che non accettò la risoluzione fino al 1970, sosteneva che il suo ritiro dai territori occupati dovesse avvenire solo dopo la conclusione di negoziati di pace.

---

19   La destra israeliana più radicale successivamente ha sviluppato un'altra idea di "opzione giordana", ossia fare della Giordania la terra in cui i palestinesi avrebbero potuto realizzare le loro aspirazioni nazionalistiche, rinunciando per sempre alla Palestina.

Invece Egitto e Giordania – la Siria l'aveva comunque respinta –, pur non escludendo la possibilità di un accordo, insistevano sul ritiro immediato di Israele. Nel frattempo il ministro Yigal Allon aveva già formulato un piano per la Cisgiordania. Nella versione iniziale si proponeva un territorio autonomo amministrato dagli arabi, in quella successiva invece la sua spartizione tra Israele e la Giordania. Allon, come tutti i dirigenti israeliani, non prevedeva la nascita di uno Stato palestinese. Per Israele i palestinesi semplicemente non erano un fattore politico; accordi e soluzioni andavano negoziati solo con i paesi arabi. Avrebbero cambiato idea negli anni successivi. La conquista di tutta Gerusalemme e della Cisgiordania metterà in moto i sionisti religiosi, figli delle teorie dei rabbini Kook, padre e figlio, decisi a non perdere l'occasione della "redenzione" di tutta la biblica Terra di Israele "offerta da Dio". Da lì a poco sarebbe nato il movimento dei coloni israeliani in Cisgiordania, che avrebbe trovato i primi appoggi non a destra, bensì proprio tra i laicissimi dirigenti laburisti che governavano Israele.

Capitolo due

Dalla Naksa alla prima Intifada

Quando si parla dell'Intifada – in arabo, più o meno, "sussulto", "scuotimento" o anche "scrollarsi di dosso" –, quindi della prima rivolta palestinese cominciata nel dicembre del 1987, spesso si è inclini a spiegarla come una improvvisa sollevazione popolare contro l'occupazione militare israeliana. Come se i palestinesi fossero rimasti immobili, passivi, per venti lunghi anni di fronte alla conquista israeliana dell'ultima porzione del territorio storico della Palestina. Una descrizione quantomeno frettolosa che qualcuno corrobora con la narrazione israeliana di un'occupazione "benevola", quasi invisibile, finalizzata a migliorare la vita dei palestinesi e a garantire all'occupante soltanto sicurezza e controllo dell'ordine pubblico in attesa del realizzarsi delle condizioni politiche ideali per scambiare i territori conquistati nel 1967 con un trattato di pace. Israele, che ancora oggi continua a dare un'interpretazione diversa rispetto a quella accettata dalla comunità internazionale della risoluzione 242 del Consiglio di sicurezza dell'Onu, per lungo tempo ha preferito parlare di territori "amministrati" e non occupati fino ad arrivare, in tempi più recenti, con la destra saldamente al potere, alla definizione di territori "contesi".

Facciamo un salto all'indietro, al periodo successivo alla Naksa nel 1967 e ai venti anni intercorsi tra la Guerra dei sei giorni e la prima Intifada palestinese.

Gli arabi si leccavano le ferite. Israele aveva preso il controllo della Striscia di Gaza, della Cisgiordania e di

Gerusalemme est, assieme alle alture del Golan siriane e al Sinai egiziano. Una sconfitta per gli arabi persino peggiore di quella patita nel 1948 e che, tuttavia, non era affrontata attraverso una sincera valutazione di cause e responsabilità. Piuttosto si preferiva addolcirla con giustificazioni improbabili: l'attacco a sorpresa, la premeditazione dell'espansionismo sionista e via dicendo. Invece la Naksa aveva dimostrato, qualora ce ne fosse stato bisogno, che Israele non era quell'insieme di "quattro gang sioniste che presto sarebbero state cacciate via" di cui la propaganda araba aveva parlato per diciannove anni. Al contrario, era uno Stato ben organizzato, militarmente preparato e ben armato, che in Medio oriente contava non solo di restarci, ma anche di imporre la sua legge, quella del più forte, e che poteva contare su importanti sostegni internazionali, incluso quello, dalla guerra del 1967 in poi, ancora più esplicito e aperto degli Stati Uniti. Rare furono le voci in dissenso con le banali giustificazioni della sconfitta araba. È degna di nota quella dell'intellettuale e docente universitario siriano Sadik al-Azm, che senza reticenze prese di mira i leader arabi, compreso Gamal Abdel Nasser, biasimò i loro proclami di "vittoria sicura", mise a nudo l'impreparazione ad affrontare un nemico tanto abile e potente ed esortò a non abbandonarsi a una comoda autoassoluzione.[1] Le sue considerazioni raccolsero tra gli arabi pochi apprezzamenti e molte critiche, inclusa quella del grande scrittore e intellettuale palestinese Ghassan Kanafani, profugo in Libano. Gli arabi perciò persero un'occasione d'oro per analizzare con obiettività l'accaduto e ridefinire le strategie politiche e militari. D'altronde ancora oggi nei libri di testo in uso nelle scuole del Medio oriente e del Nordafrica si legge che nel 1948 Israele non fu sconfitto solo perché i paesi arabi furono fermati dall'armistizio proclamato dagli Occidentali.

---

1   S. al-Azm, *1967. Self-Criticism After the Defeat*, Saqi Books, Londra 2011. In arabo il libro è stato pubblicato nel 1968 da Dar al-Tali'ah, Beirut.

Yasser Arafat e la svolta della battaglia di Karameh

Tra i palestinesi la Naksa fu un dramma e allo stesso tempo il via libera all'indipendenza dalla pesante tutela araba. Per chi aveva riposto la sua fiducia nei presidenti e nei re mediorientali, la menzogna era finalmente svelata. Le smargiassate dei leader arabi che facevano a gara nel dichiarare la loro devozione alla causa palestinese erano terminate. E con esse era emersa anche l'inutilità dell'Organizzazione per la liberazione della Palestina sotto la guida di Ahmad Shukairy, esponente palestinese nelle mani degli arabi. La nuova Olp sarebbe sorta da lì a poco, sotto il controllo di Yasser Arafat, ormai leader incontrastato di al-Fatah e della sua ala militare, al Asifa. Dopo una riunione con altri dirigenti palestinesi a Damasco, tenuta pochi giorni dopo la sconfitta, Arafat andò in Giordania e, da lì, passò in Cisgiordania. Per diversi mesi, muovendosi tra Amman e Nablus, prima che Israele sigillasse il confine costringendolo a riparare nel regno hashemita, riuscì a organizzare qualche forma di resistenza armata alla nuova occupazione. Tuttavia la sollevazione popolare che Arafat aveva creduto possibile dopo la sconfitta, non ci fu. Le grandi famiglie palestinesi della Cisgiordania non ebbero fiducia in quell'uomo quasi sconosciuto, un po' goffo, che affermava di poter mettere insieme migliaia di combattenti, e non contribuirono alla mobilitazione clandestina. Credevano ancora, a dir poco ingenuamente, che re Hussein avrebbe liberato la Palestina. Tornato in Giordania, Arafat per tutto il 1968 continuò l'organizzazione delle cellule combattenti di al-Fatah mentre la "rivoluzione palestinese" si arricchiva della nascita di altre formazioni, tra le quali, il Fronte popolare per la liberazione della Palestina (Fplp), di orientamento marxista, guidata da un medico cristiano, George Habbash, ancora oggi la forza più importante della sinistra palestinese.

Ad aiutare Arafat, al-Fatah e Habbash, e a dare un impulso decisivo all'autonomia politica e militare palestinese, fu senza dubbio la "sconfitta" subita dall'esercito israeliano nella località giordana di Karameh. Alle 5:30 del 21 marzo 1968, lo Stato ebraico lanciò un'operazione che, nelle sue finalità ufficiali, aveva lo scopo di inviare un pesante avvertimento a re Hussein, come era avvenuto per l'attacco a Samua, e di infliggere un colpo letale alla resistenza palestinese che, partendo dal territorio giordano, aveva lanciato decine di azioni armate lungo il confine. Le previsioni israeliane di una vittoria facile furono smentite dall'esito della battaglia. Certo, alla fine della giornata rimasero sul terreno novantotto *fedayyin* palestinesi contro ventotto soldati israeliani (e un numero imprecisato di mezzi blindati colpiti), ma la tenacia e il coraggio dimostrato dai guerriglieri durante i combattimenti fecero parlare di disfatta israeliana e di vittoria palestinese.

La notizia della battaglia di Karameh fece rapidamente il giro del mondo e il nome di Arafat divenne noto anche nelle redazioni dei giornali occidentali, oltre che di quelli arabi. Migliaia giovani palestinesi, galvanizzati da quella "vittoria", lasciarono lo studio e il lavoro per unirsi alla rivoluzione. E l'Olp ormai era nelle mani dei dirigenti palestinesi. Israele aveva trovato un nuovo e più determinato avversario: quei palestinesi che aveva sempre considerato una semplice appendice dei paesi arabi e non un popolo in lotta per l'autodeterminazione.[2] Lo Stato ebraico in seguito sarebbe riuscito a limitare la frequenza delle operazioni armate palestinesi sul confine, ma non potrà impedire il diffondersi delle idee e dei programmi dell'Olp – e delle sue varie componenti – tra la popolazione dei territori occupati. Inutili si riveleranno anche la violenta azione di contrasto operata dai suoi servizi di intelligence e la collaborazione, diretta o indiretta, di quella porzione di palestinesi che vedeva nel coinvolgimento

---

2   Per un resoconto della battaglia di Karameh e la storia del movimento di liberazione palestinese suggeriamo di consultare il già citato *Yasser Arafat e la rivoluzione palestinese* di Andrew Gowers e Tony Walker, e *Enciclopedia del Medio oriente*, a cura di Giancarlo Lannutti (Teti, Milano 1979). Per un quadro complessivo del dibattito politico nell'Olp e tra le formazioni palestinesi tra gli anni 1960-1980, riteniamo utile Alain Gresh, *Storia dell'Olp, verso lo Stato palestinese*, cit.

politico della Giordania e non dell'Olp l'unica soluzione possibile. Non bastò ad offuscare il mito della resistenza palestinese neppure la feroce repressione attuata da re Hussein nel 1970. Durante quello che è passato alla storia come il "settembre nero", al termine di mesi di feroci scontri armati, i combattenti di Fatah e delle altre forze dell'Olp furono espulsi dal regno hasmenita.[3]

I nuovi occupanti

Mentre in Giordania la resistenza palestinese reclutava centinaia di giovani combattenti, in Cisgiordania, Gaza e Gerusalemme est la popolazione faceva la conoscenza dei nuovi occupanti, parecchio diversi dai giordani. «Nei loro confronti c'era allo stesso tempo avversione e curiosità» ricorda Anwar Hilal, rientrato quasi un anno dopo a Beit Sahour dai suoi studi di ingegneria ad Alessandria; «i nuovi occupanti parlavano un'altra lingua, non l'arabo, e di rado comunicavano con noi. Il più delle volte i contatti avvenivano a livello istituzionale,

3   Convinto, anche dalle "indiscrezioni" che riceveva da Israele, che i palestinesi fossero sul punto di rovesciare la monarchia e di prendere il potere, e preoccupato per i rischi che comportavano per la Giordania i dirottamenti aerei organizzati dal Fplp, che coinvolgevano Amman, il 16 settembre 1970 re Hussein dichiarò la legge marziale. Il giorno dopo, su suo ordine, l'esercito attaccò le sedi delle organizzazioni palestinesi ad Amman e i campi profughi di Irbid, Salt, Sweyleh e Zarqa sparando su civili e guerriglieri. Quindi le forze armate giordane avviarono rastrellamenti casa per casa nella capitale e in altre città. I siriani si mossero a sostegno delle formazioni palestinesi ma furono bloccati da Israele che fece alzare in volo i suoi cacciabombardieri lasciando intendere di essere pronto ad agire a sostegno di re Hussein, mentre nel Mediterraneo unità da guerra statunitensi furono poste in stato di allerta e pronte ad intervenire in appoggio all'esercito giordano. Furono dieci giorni di combattimenti feroci, in cui morirono migliaia di persone, in buona parte palestinesi. Nei mesi successivi la situazione entrò in una fase di stallo. Arafat, che aveva scelto di non andare allo scontro definitivo con re Hussein, si indebolì e dovette firmare un accordo che richiedeva lo smantellamento delle basi militari palestinesi e il divieto per i loro membri di portare armi senza autorizzazione. Il Fplp e il neonato Fronte democratico per la liberazione della Palestina, si rifiutarono di accettare l'accordo. I combattimenti proseguirono intermittenti fino all'anno successivo, quando i militanti palestinesi furono espulsi in Libano. Alcuni membri di al-Fatah fondarono l'organizzazione Settembre nero, con il fine di vendicare i palestinesi, e il 28 novembre 1971 assassinarono al Cairo il primo ministro giordano Wasfi al-Tal.

quando i comandi militari consegnavano i testi di determinati provvedimenti alle municipalità». All'inizio, riferisce Hilal, gli israeliani ebbero un atteggiamento "morbido" nei confronti della popolazione palestinese. «Ci tenevano molto a mettere in vetrina il loro paese, forse volevano impressionarci favorevolmente» ricorda «per questa ragione organizzavano tour guidati per delegazioni di professionisti palestinesi. A uno di questi partecipai anche io. Ci portarono in uno stabilimento industriale all'avanguardia, almeno rispetto alle cose che avevamo noi palestinesi. Durante quel giro però notai che nei negozi le merci non abbondavano. Tutto era pulito e ordinato ma Israele non mi sembrò un paese ricco».[4]

Iniziative simili furono avviate dagli israeliani anche a Gaza. Sull'altra riva del fiume Giordano, re Hussein, timoroso di perdere per sempre il controllo dei territori presi da Israele, si proponeva come un "campione della causa araba". Nei fatti le cose erano ben diverse. Già dopo la sconfitta bruciante del 1967 aveva riaperto i contatti segreti con lo Stato ebraico. Una relazione che il sovrano mascherò con una politica volta ad assorbire la nuova ondata di profughi palestinesi. Inoltre, sia pure con restrizioni, garantì alla popolazione in Cisgiordania e a Gerusalemme est la possibilità di spostarsi tra il territorio occupato e la Giordania. L'Egitto invece dopo la Guerra dei sei giorni manifestò scarso interesse per la popolazione palestinese di Gaza. Le preoccupazioni di Gamal Abdel Nasser piuttosto erano la presenza israeliana a ridosso del Canale di Suez e la crisi del suo carisma parzialmente attenuata dall'inizio, nell'estate del 1969, della "guerra d'attrito" con lo Stato ebraico, che ridiede slancio allo spirito patriottico egiziano. Solo alla fine di quell'anno, sollecitato dal suo consigliere e portavoce Mohammed Hassanein Heikal, Nasser dovette riconoscere l'esistenza di un ampio movimento politico e militare palestinese, non più patrocinato dall'Egitto e dal resto del mondo arabo.

4 Intervista rilasciata il 10 ottobre 2016.

Entra in scena Golda Meir

L'iniziale approccio "bonario" di Israele svanì presto, già nei primi mesi del 1968, di pari passo con i diversi orientamenti che si andavano manifestando nell'establishment politico-militare del paese e il prevalere dei falchi che già reclamavano il controllo permanente su porzioni della Cisgiordania per garantire "la sicurezza del paese". La risoluzione del 19 giugno del 1967 adottata dal Consiglio dei ministri israeliano – come detto il compromesso più avanzato con il mondo arabo mai deciso da Israele – era stata messa definitivamente in soffitta e dimenticata. Lo schieramento del premier Levi Eshkol e il Rafi di David Ben Gurion nel gennaio del 1968 erano tornati assieme dando vita al Partito laburista. La vecchia guardia del Mapai e gli intransigenti seguaci del "padre della patria" spinsero il campo considerato progressista verso posizioni più rigide. In Israele si fronteggiavano due fazioni: una più pacifista, che comunque rivendicava la sovranità israeliana su tutta Gerusalemme e parti della Cisgiordania, e un'altra fautrice della "Grande Israele", decisa a contrastare l'idea di una restituzione dei territori occupati nel 1967.[5]

Determinante fu, nel marzo del 1969, a seguito della morte di Levi Eshkol, la nomina dell'inflessibile Golda Meir a primo ministro. Donna forte e risoluta, Meir vedeva le cose in bianco e nero: non concepiva che gli arabi sentissero di aver subito un'ingiustizia e respingeva totalmente l'idea che i palestinesi fossero un popolo senza Stato. La premier ebbe sempre giudizi taglienti sui palestinesi, tendenti a disconoscere la loro esistenza. Già dopo il 1967 si era espressa a favore di una rettifica sostanziale dei confini del 1967 e del controllo israeliano su parti della Cisgiordania. Fu lei che dettò i due principi che avrebbero costituito la base della politica israeliana verso i territori occupati: rifiuto categorico

---

5   Nel 1967 in Cisgiordania (5.655 chilometri quadrati) vivevano circa 600mila palestinesi in dodici centri urbani, oltre cinquecento villaggi e diciannove campi profughi. 385mila erano gli abitanti della Striscia di Gaza (365 chilometri quadrati) distribuiti in quattro città, otto campi profughi, undici villaggi e altre piccole comunità. 120mila palestinesi della Cisgiordania e 170mila di Gaza erano profughi della Nakba nel 1948.

dell'arretramento dello Stato ebraico alle linee armistiziali antecedenti la Guerra dei sei giorni e nessun ritiro senza negoziati diretti con gli Stati arabi. Per questo la Lady di ferro della politica israeliana rigettò senza tanti complimenti il piano presentato il 9 dicembre del 1969 dal segretario di Stato americano William Rogers che, sulla base della risoluzione 242, prevedeva di ripristinare, con modifiche irrilevanti, il confine internazionale tra Israele e i suoi vicini arabi e una soluzione per il rientro parziale dei profughi palestinesi, o almeno di quelli del 1967.

L'immobilismo e la dottrina Shamgar

Questa fase, dominata dalle rigide posizioni di Golda Meir, sostenute al Palazzo di vetro dal nuovo ambasciatore israeliano all'Onu ed ex capo di Stato maggiore Yitzhak Rabin, e con accenti diversi anche da altri leader israeliani come Moshe Dayan e Yigal Allon, è passata alla storia come il "periodo dell'immobilismo", durato almeno fino alla Guerra del Kippur (o del Ramadan) del 1973. Anni in cui, scrive Avi Shlaim, Golda Meir offrì agli arabi solo due alternative: «Un accordo di pace totale senza un completo ritiro israeliano dai territori occupati o il mantenimento dello status quo senza alcuna concessione».[6] Conseguente a questa fase fu la progressiva accettazione del suggerimento offerto subito dopo l'occupazione dall'avvocato generale militare Meir Shamgar, di riconsiderare la posizione di Israele di fronte al diritto internazionale. L'accademico Neve Gordon spiega che «Assieme a una serie di altri funzionari, [Shamgar] formulò una politica che respingeva l'applicabilità della quarta convenzione di Ginevra del 1949 – la norma di diritto umanitario più importante sull'occupazione dei territori conquistati e della loro popolazione civile – ai territori occupati. Nella logica di Shamgar non dovevano essere considerati territori occupati, in quanto le due regioni erano state conquistate da Giordania ed Egitto

6   A. Shlaim, *op. cit.*, p. 337.

durante la guerra del 1948 e pertanto non erano mai state parte integrante di uno Stato sovrano. Di conseguenza, egli sosteneva che la Cisgiordania e la Striscia di Gaza dovevano essere considerate "aree contese", piuttosto che occupate, in quanto a suo avviso erano *sui generis*... Il fatto che Shamgar ponesse l'attenzione sullo staus della terra (considerandola *sui generis*), piuttosto che sulla popolazione (portatrice dei diritti nazionali per l'autodeterminazione) era, come osserva in modo convincente Lisa Hajjar, una manovra legale strategica per separare la terra dai suoi abitanti».[7] Gordon aggiunge che, proprio per ridurre le sue responsabilità verso la popolazione palestinese e per normalizzare l'occupazione, Israele raggiunge un'intesa con la Giordania. «Mantenne il denaro giordano come una delle valute legali, permise alla Giordania di conservare alcune delle sue funzioni prebelliche e consentì al regime hasmehita di continuare a pagare gli stipendi dei dipendenti dell'amministrazione civile, degli insegnanti, dei professionisti sanitari e dei burocrati impegnati presso le istituzioni civili... l'accordo di compartecipazione, come fa notare Meron Benvenisti, si conciliava anche con il tentativo israeliano di distinguere la popolazione dalla sua terra, in quanto la disponibilità giordana ad aiutare Israele nella gestione della popolazione non aveva come presupposto l'impegno israeliano a non confiscare la terra».[8]

Le due fasi dell'occupazione e l'ascesa della destra

Israele provò in due fasi, negli anni che vanno dal 1967 al 1980 e dal 1981 fino all'inizio dell'Intifada nel 1987, di stabilizzare il

---

7   N. Gordon, *L'occupazione israeliana*, Diabasis, Parma 2016, p. 60. Si tratta di un testo fondamentale per l'approfondimento di ogni singolo aspetto dell'occupazione israeliana di Cisgiordania, Gaza e Gerusalemme est. Gordon cita il libro della docente americana Lisa Hajjar, *Courting Conflict. The Israeli Military Court System in the West Bank e Gaza*, University of California Press, Berkeley and Los Angeles 2005, che al secondo capitolo descrive la dottrina giuridica nei territori occupati e il ruolo di Shamgar.

8   N. Gordon, *op. cit.*, pp. 90-91.

proprio potere, non esitando a impiegare la forza per stroncare ogni tentativo della resistenza palestinese di organizzare delle basi nei territori sotto occupazione. Brutale fu nel 1971 l'intervento israeliano nei campi profughi di Shati e Jabaliya nella Striscia di Gaza, dove il generale, futuro ministro e infine premier Ariel Sharon, per sgominare le cellule del Fplp e di Fatah, fece demolire almeno duemila case e non esitò a spedire migliaia di palestinesi nel centro di detenzione di Abu Zenima (Sinai). Vennero applicate leggi eccezionali, come le deportazioni e le detenzioni "amministrative" (carcerazioni senza processo), per rendere docili gli abitanti. Furono utilizzati anche altri sistemi – inclusa la censura su libri e giornali – per bloccare o almeno contenere lo sviluppo della partecipazione politica della popolazione, abbinandoli a misure in apparenza concilianti per favorire, così affermavano i comandi militari, "lo sviluppo del benessere palestinese".

Tra il 1967 e il 1987, le autorità israeliane prepararono decine di relazioni sui progressi veri e presunti delle condizioni di vita in Cisgiordania e Gaza allo scopo di propagandare presso l'opinione pubblica internazionale un'immagine positiva dell'occupazione. Questo atteggiamento si rafforzò nel 1977 con la prima clamorosa vittoria elettorale della destra di Menachem Begin, leader del nascente partito Likud, a danno dei laburisti. La svolta politica diede un nuovo decisivo impulso alla colonizzazione dei territori occupati, anche perché i nuovi leader israeliani credevano che i palestinesi non fossero interessati all'autodeterminazione e alla libertà ma solo al miglioramento delle loro condizioni economiche.[9] Quando Begin nel 1978, con la mediazione del presidente americano Jimmy Carter, firmò con il leader egiziano Anwar Sadat, succeduto

---

9   Questa visione israeliana delle "reali" aspirazioni dei palestinesi è diffusa ancora oggi, nel 2017, e non solo tra dirigenti e militanti dei partiti sionisti religiosi, come La casa ebraica, braccio politico del movimento dei coloni. Continuano a sostenerla anche tanti nel Likud, il partito di maggioranza relativa, dove tante voci chiedono al premier Benyamin Netanyahu di rinunciare al riconoscimento, fatto nel 2009, del diritto dei palestinesi ad avere un loro Stato indipendente.

qualche anno prima a Nasser, l'accordo che avrebbe portato nel 1979 al trattato di pace tra Israele ed Egitto, i leader dello Stato ebraico provarono a convincere il mondo di aver applicato la risoluzione 242 dell'Onu. Per Begin e i suoi più stretti collaboratori, lo Stato ebraico, accettando di ritirarsi dal Sinai egiziano, aveva osservato quanto stabilito dal diritto internazionale e non era tenuto ad abbandonare anche Cisgiordania e Gaza che, come sosteneva Meir Shamgar, "non erano territori occupati". Naturalmente si trattava dell'intepretazione israeliana, però nessun governo occidentale la mise in quel momento in discussione, anche per non turbare l'atmosfera creata dallo "storico" accordo tra Tel Aviv e il Cairo. Per questo Begin e gli altri dirigenti israeliani che cullavano il sogno messianico della "Grande Israele" avviarono politiche economiche volte a creare il "benessere" degli occupati palestinesi e politiche amministrative in sostituzione all'indipendenza.

La Lega del villaggio

Il docente universitario e intellettuale palestinese Sari Nusseibeh racconta nel suo libro *C'era una volta un paese*[10] che l'ex generale Ariel Sharon fu il più solerte nell'elaborare una strategia che desse una realizzazione concreta al sogno di Begin e dei leader dei coloni. Nominato ministro della difesa nel 1981, tre mesi dopo la creazione della cosiddetta amministrazione civile chiamata, solo a parole, a prendere il posto delle forze armate nella gestione dei territori occupati, Sharon e il nuovo governatore militare Menachem Milson, un orientalista, misero in pratica un'idea che già circolava da qualche tempo: la Lega del villaggio.

Erano convinti che il nazionalismo palestinese fosse forte solo nei centri urbani dove, all'epoca, viveva appena un terzo della popolazione. Perciò occorreva dare più spazio politico

---

10   S. Nusseibeh, *C'era una volta un paese, una vita in Palestina*, Il Saggiatore, Milano 2009, pp. 152-153.

alle campagne dove, a loro dire, i contadini, più conservatori e legati a notabili intermediari tra il potere centrale e le realtà locali, non erano affascinati dal nazionalismo. Perno centrale di questo apparato di controllo – che si rifaceva al Partito dei contadini che l'Agenzia ebraica mise in piedi negli anni Venti per contrastare il nazionalismo palestinese – fu il coinvolgimento di figure della realtà rurale in Cisgiordania e, in misura minore a Gaza, sostenute dai servizi segreti israeliani. «L'autonomia in stile Likud – scrive Nusseibeh – presupponeva una massa di arabi che rinunciavano con gioia ad aspirazioni naturali in cambio del diritto di pregare e di mescolare cemento per qualche imprenditore edile nel più vicino insediamento israeliano».

L'obiettivo immediato era isolare e indebolire i sindaci, legati all'Olp, usciti eletti dal voto amministrativo del 1976 e tenere a distanza dall'impegno politico i proprietari terrieri e i contadini. A capo di questa organizzazione Sharon e Milson scelsero Mustafa Dudin, di Dura (Hebron), legato alla Giordania. Leghe di villaggi sorsero anche in altri distretti grazie a generosi finanziamenti israeliani, e i loro compiti presto passarono dalla semplice amministrazione civile – come garantire permessi di viaggio, posti di lavoro e autorizzazioni commerciali a chi si mostrava obbediente – a quelli di vera e propria milizia armata, incaricata di denunciare gli attivisti politici e chi si professava sostenitore dell'Olp. Il sindaco di Betlemme, Elias Freij, che pure era un moderato e un avversario di Yasser Arafat, fu aggredito e minacciato di morte solo perché si era espresso contro il sistema messo in piedi dagli israeliani.

L'Olp entra in scena

La Lega del villaggio e il ruolo "benevolo" dell'amministrazione civile non riuscirono a ottenere gli effetti sperati da Israele e dalla metà degli anni Ottanta erano già in declino. Il sogno di tenere i palestinesi in una sorta di perenne limbo politico era destinato al fallimento. Anche perché la resistenza armata palestinese continuava a bussare alle porte e faceva nuovi seguaci. I *fedayyin* di Fatah e i combattenti delle altre fazioni lanciavano ancora incursioni in territorio israeliano o nei territori occupati e mettevano a segno azioni, anche all'estero, che lo Stato ebraico denunciava con forza come la prova del "terrorismo palestinese" (tra queste il commando che prese in ostaggio gli sportivi israeliani alle Olimpiadi di Monaco del 1972 e i dirottamenti aerei compiuti dal Fplp). Operazioni armate alle quali seguivano le "vendette", spesso indiscriminate, del servizio segreto israeliano, il Mossad.

L'Olp faceva progressi anche da un punto di vista politico e diplomatico. La guerra arabo-israeliana del 1973 aveva dimostrato che Israele non era invincibile e questo favorì la campagna di reclutamento e riorganizzazione dell'Olp nei campi profughi, all'estero come nei territori occupati. Il 29 ottobre 1974, al vertice di Rabat, l'Olp fu riconosciuta come rappresentante del popolo palestinese dalla Lega araba. E quello stesso anno, il 13 novembre, Yasser Arafat pronunciò un celebre discorso all'Assemblea delle Nazioni unite.[11] Le amministrative che si svolsero in Cisgiordania e Gaza il 12 aprile 1976 non indebolirono in alcun modo il peso e il ruolo dell'Olp come aveva sperato Israele. Si rivelò inutile il piano di "amministrazione autonoma" illustrato a sindaci e notabili palestinesi dal ministro della difesa Shimon Peres. Gran parte degli eletti risultarono legati alle componenti dell'Olp. Non solo. I nuovi sindaci cominciarono a coordinarsi e diedero appoggio aperto alle manifestazioni contro l'occupazione militare. Soprattutto si rifiutarono di collaborare con l'occupante. Israele reagì a questa sconfitta con ritardo ma quando intervenne usò il pugno di ferro. Tre anni dopo il voto del 1976 alcuni sindaci

---

11 Davanti al mondo Arafat paragona l'arrivo degli ebrei in Palestina e le azioni dello Stato di Israele all'apartheid e al colonialismo, proclama che la causa palestinese rientra nelle guerre di liberazione dal colonialismo e dall'imperialismo. Quindi pronuncia frasi destinate a passare alla storia: «Oggi sono venuto con un ramoscello di ulivo e un fucile da combattente per la libertà. Non lasciate che il ramoscello d'ulivo cada dalla mia mano». L'Onu qualche giorno dopo assegna all'Olp lo status di osservatore.

furono arrestati, altri deportati. Nel 1980 un gruppo armato formato da coloni ebrei mise in atto una serie di attentati che costarono il ferimento grave dei sindaci di Nablus e Ramallah. La repressione si intensificò nei due anni successivi quando le municipalità nazionaliste si rifiutarono di cooperare con l'amministrazione civile. Oltre ad arresti e deportazioni, le forze armate israeliane fecero fuoco con più frequenza contro i dimostranti. Nel 1982, anno in cui divennero più intense le proteste popolari in Cisgiordania e Gaza, furono uccisi e feriti decine di palestinesi, spesso giovanissimi.

L'invasione israeliana del Libano

L'espulsione dell'Olp dal Libano nel 1982 in seguito all'invasione del paese dei cedri da parte di Israele – l'operazione "Pace in Galilea" approvata dal premier Begin e condotta dal ministro della difesa Sharon, culminata nel massacro dei profughi nei campi di Sabra e Shatila –,[12] se da un lato rappresentò un

---

12 Il 30 agosto del 1982 l'Olp, sulla base degli accordi imposti da Stati Uniti e dalle forze occupanti israeliane, è costretta a lasciare il Libano e il suo quartier generale a Beirut per trasferirsi a Tunisi. Ai primi di settembre furono mandati a casa anche i soldati dei contingenti internazionali, tra i quali gli italiani, lasciando campo libero all'esercito israeliano e ai suoi alleati, i falangisti libanesi. Il 14 settembre una carica di tritolo, posta fuori dal quartiere generale della Falange, uccide il presidente imposto da Israele, il leader falangista Bashir Gemayel. Responsabile dell'attentato è Habib Shartouni del Partito nazionalista sociale siriano ma quella bomba offre, il giorno dopo, l'occasione al ministro degli esteri Sharon di ordinare alle truppe israeliane di occupare anche Beirut ovest, la zona musulmana della città, in piena violazione del negoziato promosso dagli Usa. Alle 5 di sera di giovedì 16 settembre, con il pretesto di catturare "terroristi armati" latitanti, i miliziani falangisti, dell'Esercito del Libano del sud alleato di Israele e di altre organizzazioni di destra, penetrano a Sabra e Shatila e iniziano la mattanza di profughi palestinesi nonchè di libanesi e siriani che vivevano lì. Infine scendono in campo i sicari di Elie Hobeika, capo dei servizi speciali della destra libanese, che saranno responsabili delle maggiori atrocità. Nessuno poteva lasciare il campo circondato dalle truppe israeliane. Gli assassini, con dinamite e ruspe, spianarono Sabra e parte di Shatila. Molti profughi, inclusi i bambini, furono fatti letteralmente a pezzi. Le vittime secondo gli israeliani furono "solo" alcune centinaia, i palestinesi parlano di almeno tremila morti. Del massacro si seppe solo alla sua conclusione, tre giorni dopo. Il giornalista britannico Robert Fisk fu uno tra i primi a riferirlo al mondo con l'articolo *Ce lo dissero le mosche*.

colpo duro alla leadership palestinese costretta a riorganizzarsi e a operare a Tunisi, a migliaia di chilometri di distanza dalla Palestina, dall'altro aumentò la determinazione degli abitanti dei territori occupati a restare uniti all'Olp. Abu Jihad (nome di battaglia di Khalil al-Wazir), il capo delle operazioni militari di Fatah, fu sollecito a impartire nuove disposizioni al suo movimento per rafforzare la rete clandestina nelle città palestinesi. Nelle strade perciò cominciarono a moltiplicarsi le manifestazioni contro Israele, organizzate da Fatah, dal Fplp e dal resto della sinistra palestinese. Eppure il governo israeliano di unità nazionale, messo in piedi dal leader laburista Shimon Peres e dal capo del Likud Yitzhak Shamir dopo le elezioni del 23 luglio del 1984, e persino il servizio di sicurezza interno (Shin Bet) non giudicavano preoccupanti le forti scosse che si registravano in Cisgiordania e Gaza e che tre anni dopo avrebbero portato al terremoto dell'Intifada. Il programma di governo prevedeva la costruzione di altre colonie, il rifiuto di uno Stato palestinese e il proseguimento del processo politico cominciato a Camp David. Peres inoltre aveva rispolverato l'opzione giordana e re Hussein, approfittando della condizione dell'Olp confinata a Tunisi, strappò a un riluttante Arafat il sostegno alla nascita di una "temporanea" confederazione giordano-palestinese, nel quadro di un futuro negoziato. Più di tutto il governo israeliano, con la rotazione della carica di premier tra Labour e Likud, era impegnato a uscire dal pantano libanese.[13]

Peres comunque trovò il tempo di dare il via a un raid aereo contro l'Olp, a ben 2.460 chilometri di distanza. Il 1° ottobre 1985 otto F-16 israeliani bombardarono un presunto campo di addestramento ad Hamam el Shaat, nei pressi di Tunisi,

---

13   "Pace in Galilea" aveva fatto seicento morti tra gli israeliani e molte migliaia di vittime tra palestinesi, libanesi e siriani. Israele uscì in gran parte dal Libano solo tre anni dopo lasciandosi dietro, nelle regioni meridionali, un più forte e armato Esercito del Libano del sud (Els), incaricato di presidiare la cosiddetta "fascia di sicurezza", creata in territorio libanese per proteggere il confine da possibili attacchi. Solo nel maggio del 2000 il premier Ehud Barak, costretto dalle azioni armate della guerriglia sciita di Hezbollah, ordinò il ritiro completo dalla fascia di sicurezza (tranne l'area delle fattorie di Sheeba) e di dissolvere l'Els.

uccidendo cinquantasei palestinesi e quindici tunisini. Arafat scampò per un soffio alla morte. Un anno dopo Peres fece rapire a Roma dal Mossad l'ex tecnico della centrale atomica di Dimona, Mordechai Vanunu, che al britannico *Sunday Times* aveva rivelato i segreti dell'arsenale nucleare israeliano.

La prima Intifada

I dirigenti israeliani, incluso il coordinatore militare nei territori occupati Shmuel Goren, continuavano a credere, con lo sguardo dei colonialisti, che la popolazione palestinese fosse grata a Israele. E l'amministrazione civile nel libro *Judea, Samaria and the Gaza District, 1967-1987. Twenty Years of Civil Administration*, pubblicato pochi mesi prima dello scoppio dell'Intifada, elencava i "progressi" compiuti dai palestinesi sotto la saggia e benevola "gestione" di Israele. Solo all'inizio del 1987 gli israeliani cominciarono ad avvertire il calore del fuoco della rabbia e della frustrazione dei palestinesi. Compresero che qualcosa stava cambiando sul terreno e lanciarono Iron Fist e Iron Fist II, politiche del pugno di ferro che si riveleranno inutili.

Tra aprile 1986 e maggio 1987 le autorità di occupazione registrarono 3.150 "atti ostili",[14] in gran parte lanci di pietre, raduni e manifestazioni in particolare nelle scuole e nelle università della Cisgiordania. Furono arrestati diversi esponenti palestinesi, tra i quali l'autorevole Faisal Husseini, figlio dell'eroe della guerra del 1948 Abdel Qader Husseini. E fu deportato in Giordania il giovane studente universitario Marwan Barghouti, che sarebbe rientrato in Cisgiordania con gli accordi di Oslo nel 1994, come leader più amato di Fatah dopo Yasser Arafat. E se le fazioni dell'Olp mettevano a segno attacchi contro obiettivi israeliani all'estero, nei territori

---

14 M. Benvenisti, *Demographic, economic, legal, social an political developments in the West Bank. 1987 Report*, Westview Press, Boulder 1987.

occupati i militanti delle stesse organizzazioni tenevano sotto pressione l'esercito. A quelle dell'Olp si aggiungevano le azioni armate compiute da militanti del Jihad islami, una piccola formazione islamista fondata da Fathi Shikaki, Abdel Aziz Odeh e Ziad Nahal, rimasti affascinati dal successo della rivoluzione islamica in Iran.

La scintilla della prima Intifada fu un incidente automobilistico, preceduto da un'aggressione. Il 6 dicembre del 1987 Shlomo Sakal, un commerciante israeliano di 45 anni, fu pugnalato al collo e ucciso in piazza Palestina a Gaza City. Due giorni dopo, non lontano dal valico settentrionale di Erez un camion israeliano urtò una fila di autoveicoli uccidendo quattro lavoratori palestinesi, tre dei quali provenivano da Jabaliya, il più grande dei campi profughi palestinesi della Striscia di Gaza e tra i più attivi dal punto di vista politico. Alcuni testimoni riferirono che non si era trattato di un incidente bensì di un atto deliberato. A Jabaliya si diffuse l'idea di una vendetta israeliana per l'omicidio del commerciante. Ai funerali delle vittime dell'incidente automobilistico parteciparono oltre diecimila palestinesi. Il 9 dicembre una jeep militare israeliana entrò a Jabaliya e fu accolta da una pioggia di pietre. I soldati non arretrarono e si lanciarono all'inseguimento di alcuni giovani nelle viuzze strette del campo profughi scatenando reazioni ancora più forti tra gli abitanti, già turbati dalla morte dei lavoratori avvenuta il giorno prima. Per disperdere la folla che inveiva, i militari aprirono il fuoco uccidendo un quindicenne, Hatem al-Sisi: la prima vittima palestinese della "Intifada delle pietre". Le proteste si trasformarono in una rivolta popolare. In pochi giorni il fuoco dell'Intifada si propagò da Gaza alla Cisgiordania e Gerusalemme est. Migliaia di giovani, uomini e donne, musulmani e cristiani, persino gli anziani, scesero in strada, ovunque, ad urlare "basta occupazione". Le immagini dei palestinesi con il volto coperto dalla kefiah fecero il giro del mondo, divennero il simbolo di una ribellione spontanea, l'immagine di un popolo che armato solo di pietre affrontava uno degli eserciti più potenti.

Il risentimento palestinese traboccava, era incontenibile. Ze'ev Schiff ed Ehud Ya'ari raccontano nel libro *Intifada. The Palestinian Uprising - Israel's Third Front* come i comandi militari israeliani fossero del tutto impreparati ad affrontare una sollevazione di tali proporzioni e commisero errori strategici, finendo per gettare benzina sul fuoco. Il ministro della difesa Yitzhak Rabin, tre giorni dopo l'inizio dell'Intifada, certo di trovarsi di fronte a fatti non insoliti salì a bordo di un aereo e partì per gli Stati Uniti, convinto che al suo ritorno avrebbe trovato un clima tranquillo.[15] D'altronde gli israeliani, dai leader politici all'uomo della strada, erano abituati a pensare alle proteste arabe, grandi e piccole, come a "eventi ciclici" – come la rivolta araba del 1936-39 o il rifiuto della partizione della Palestina nel 1947-48 –, frutto talvolta di risentimenti dovuti al peggioramento delle condizioni di vita. Non capivano che i palestinesi non volevano il pane ma la libertà.

In Israele, prima dello scoppio dell'Intifada, erano occupati almeno 120mila manovali palestinesi, molti dei quali di Gaza, eppure il pericolo di perdere il posto di lavoro non limitò in alcun modo la loro partecipazione alla protesta.[16] L'adesione alla rivolta fu massiccia, sempre, almeno nei primi due-tre anni. Erano presenti tutte le componenti sociali e religiose. Emersero decine di "preti nazionalisti". Sorsero spontanei i "comitati popolari", strutture all'inizio non politicizzate, con il compito di sostenere in ogni modo la partecipazione alla rivolta, le famiglie degli uccisi dai soldati israeliani e quelle dei prigionieri politici (migliaia di palestinesi furono arrestati e molti di loro inviati in campi di detenzione come Ketziot nel deserto del Neghev). I responsabili dei comitati popolari diedero particolare attenzione alle comunità colpite

---

15   Z. Schiff, E. Ya'ari, *Intifada. The Palestinian Uprising - Israel's Third Front*, Simon & Schuster, 1989.

16   J. R. Hiltermann, *Work and Action. The Role of the Working Class in the Uprising*, in J. R. Nassar, R. Heacock (a cura di), *Intifada. Palestine at Crossroads*, Birzeit University, New York 1991, p. 144.

dal coprifuoco, a cominciare dalla distribuzione dei generi di prima necessità, specialmente per i bambini, e i farmaci per gli ammalati gravi che non potevano raggiungere gli ospedali.

Nel dicembre '87 furono uccisi 29 dimostranti palestinesi, 28 a gennaio 1988, 48 a febbraio, 57 a marzo, 61 ad aprile, 25 a maggio. Centinaia furono i feriti. In quei primi sei mesi di rivolta l'esercito israeliano impose 36 giorni di coprifuoco a dicembre, 112 a gennaio, 264 a febbraio, 206 a marzo, 299 ad aprile, 166 a maggio. Nel primo anniversario della rivolta si registrarono, in totale, 396 palestinesi uccisi, 5.385 manifestazioni di protesta in Cisgiordania, Gaza e Gerusalemme est e 2.643 giorni di coprifuoco. La repressione non riuscì a spegnere la rivolta. «L'Intifada ebbe successo nel mettere l'uno accanto all'altro, giovani e vecchi, uomini e donne, gli abitanti delle città e quelli delle campagne, musulmani e cristiani, poveri e ricchi e tutte le correnti politiche trasformandoli in un unico genuino movimento popolare. L'Intifada è l'espressione della volontà dei palestinesi di affermare la loro coscienza nazionale, di resistere alla spoliazione e di reclamare i loro diritti politici», scrissero in quel periodo gli studiosi Samih K. Farsoun e Jean M. Landis.[17] Associazioni, centri per i diritti umani, Ong e università palestinesi, in particolare quella di Bir Zeit (Ramallah), furono il laboratorio politico della rivolta, promuovendo il dibattito democratico e rapporti nuovi tra le componenti sociali e le formazioni politiche. Diventarono la struttura di base del futuro "Stato di Palestina", fornendo servizi alla popolazione, in alternativa all'amministrazione civile israeliana.

L'Intifada diede una spinta decisiva alle aspirazioni delle donne palestinesi che prendevano parte alla lotta per la liberazione dall'occupazione. Rana Nashashibi, all'epoca giovane comunista e rappresentante della sua forza politica nella direzione palestinese a Gerusalemme est, ricorda il dibattito

---

17   S. K. Farsoun, J. M. Landis, *The Sociology of an Uprising. The Roots of the Intifada*, in J. R. Nassar, R. Heacock (a cura di), *op. cit.*, p. 16.

tra le donne protagoniste dell'Intifada. «Si svilupparono subito due correnti nel movimento delle donne: integrazione e separazione. Io ero a favore dell'integrazione, affermavo che dovevamo far parte della direzione politica dell'Intifada e dei partiti come donne e non come movimento delle donne. Questo, spiegavo alle compagne, ci avrebbe dato autorevolezza immediata e accelerato la nostra emancipazione. Altre sostenevano la necessità dello sviluppo in tempi stretti di un movimento delle donne all'interno dell'Intifada. In ogni caso tutti ci sentivamo forti, molto forti, ed eravamo certe che la rivolta avrebbe portato alla realizzazione anche dei nostri diritti come donne. Le cose andarono diversamente e lo capimmo in ritardo. Il movimento delle donne finì per essere condizionato dall'agenda dei singoli partiti politici e dai compromessi che facevano tra di loro. Solo più avanti si sarebbe sviluppato un vero e proprio movimento, con una sua autonomia dai partiti, che unirà alla lotta per la liberazione dall'oppressione israeliana quella per la realizzazione dei diritti delle donne».[18]

Studiosi e ricercatori per anni si sono divisi sull'interpretazione del ruolo dell'Olp nella prima fase dell'Intifada. Secondo alcuni la rivolta sarebbe stata del tutto spontanea e per molte settimane, se non per alcuni mesi, avrebbe proceduto, senza nessuno al volante, sull'onda della partecipazione popolare. Lo stesso Arafat avrebbe pensato di trovarsi di fronte a una semplice ondata di proteste, come altre del passato, destinata ad esaurirsi nel giro di qualche giorno. Per altri – come sostiene Bassam Abu Sharif, un ex dirigente del Fplp divenuto consigliere di Arafat, nel suo *Arafat and the Dream of Palestine. An Insider's Account* – l'Olp avrebbe compreso subito l'eccezionalità della rivolta, prendendone immediatamente le redini. La verità, come spesso accade in politica, sta a metà strada tra queste due visioni. Lo spiega il dottor Nidal Salameh di Beit Sahour, all'epoca studente di medicina

---

18   Intervista rilasciata il 18 febbraio 2017.

impegnato in politica come altre migliaia di giovani palestinesi. «La gente in quei primi giorni dell'Intifada scendeva in strada senza ricevere alcun ordine, noi palestinesi volevamo e chiedevamo libertà. Eravamo stanchi dell'occupazione e pronti, tutti insieme, a raggiungere l'indipendenza. Allo stesso tempo ricordo che [da Tunisi] Abu Jihad cominciò molto presto, già qualche giorno dopo l'inizio della rivolta, a inviare messaggi e disposizioni a una serie di militanti di Fatah. E così facevano i dirigenti delle altre forze politiche».[19]

In effetti il primo comunicato del Comando unificato dell'Intifada, che riuniva le varie componenti dell'Olp in territorio palestinese, apparve già a gennaio 1988. Quel volantino distribuito ovunque in Cisgiordania, Gaza e Gerusalemme est, dava indicazioni dettagliate alla popolazione: dagli scioperi generali da attuare, alle ricorrenze da rispettare, fino alle situazioni di pericolo da evitare. Erano veri e proprio decreti di un governo palestinese clandestino. A essi si unirono in seguito i comunicati del Movimento islamico di resistenza, braccio politico dei Fratelli musulmani, fondato il 14 dicembre del 1987 a Gaza, e quelli del Jihad islami. Per un palestinese essere trovato in possesso di uno di quei volantini dell'Intifada voleva dire essere arrestato e detenuto, anche per lunghi periodi.

L'impatto della rivolta palestinese fece a pezzi l'immagine di occupante "benevolo" che Israele aveva costantemente cercato di offrire al resto del mondo. In Europa e anche negli Stati Uniti si formarono dozzine di comitati di solidarietà con il popolo palestinese. Intellettuali e personalità, anche ebrei, alzarono la loro voce per denunciare la repressione messa in atto da Israele nel tentativo di fermare l'Intifada e per dare appoggio agli obiettivi di una sollevazione che, nonostante alcune azioni violente contro i soldati israeliani, rimaneva "la rivolta delle pietre". In Cisgiordania si sviluppò una corrente di pensiero a favore della disobbedienza civile, sulla base anche delle idee avanzate a metà degli anni Ottanta da

19   Intervista rilasciata il 12 febbraio 2017.

un attivista, Mubarak Awad,[20] che sfociò in una delle pagine più nobili della prima Intifada palestinese, la ribellione non violenta della cittadina di Beit Sahour.[21] Il pugno di ferro di Israele era sugli schermi delle televisioni di tutto il mondo. Destarono sdegno le immagini che arrivarono da Nablus di Hassan Jawda e di suo cugino Osama Jawda brutalmente picchiati da quattro soldati israeliani a fine febbraio 1988. Il filmato mostrava i militari che, usando delle grosse pietre, spezzavano le braccia ai due giovani. «I nostri comandanti ci hanno detto di rompere braccia e gambe ai palestinesi», spiegarono i soldati citando dichiarazioni fatte dallo stesso ministro della difesa Yitzhak Rabin. La repressione non fermò i palestinesi decisi a conquistare la libertà e finì per mettere in moto in Israele un movimento pacifista favorevole, sebbene con accenti diversi, alla nascita di uno Stato palestinese indipendente nei territori occupati.

20   Nato a Gerusalemme est nel 1943 e trasferitosi da ragazzo negli Stati Uniti, Mubarak Awad tornò nei territori occupati nel 1983, dove diede vita al Palestinian Centre for the Study of Nonviolence. Amato da molti, contestato da tanti altri, Awad alla vigilia dell'Intifada pubblicò un libro, *Nonviolent Soldier of islam*, una biografia del pacifista pakistano Badshah Khan, un alleato di Gandhi, con lo scopo di offrire ai palestinesi un modello non violento di resistenza. Awad non negava la legittimità della lotta armata per il conseguimento della giustizia. Sosteneva però che la non violenza e una totale disobbedienza civile osservata da tutto il popolo palestinese, avrebbero paralizzato la macchina bellica israeliana e demolito l'immagine positiva di Israele presso l'opinione pubblica mondiale. Non pochi palestinesi però individuarono nelle sue proposte un pericolo per l'Intifada. Nel maggio 1988 il premier Yitzhak Shamir ordinò l'arresto e la deportazione del pacifista palestinese, dimostrando che la non violenza e la disobbedienza civile teorizzate da Mubarak Awad erano pericolose solo per l'occupazione israeliana.

21   Il 19 Settembre 1989, in questa cittadina ai piedi di Betlemme, popolata da palestinesi musulmani e cristiani, fu annunciata una campagna di resistenza popolare e disobbedienza civile divenuta leggendaria. Facendo proprio uno degli slogan della guerra d'indipendenza americana "No taxation without representation", gli abitanti di Beit Sahour decisero di non pagare più le tasse all'amministrazione civile israeliana e di cessare ogni cooperazione e contatto con le strutture dell'occupazione. La reazione fu brutale. Le forze armate israeliane entrarono nel villaggio confiscando tutto ciò che poté essere confiscato, dai mobili ai generi alimentari. Molte famiglie furono lasciate con niente. Beit Sahour rimase sotto coprifuoco per quarantacinque giorni e centinaia di suoi abitanti vennero arrestati e incarcerati. Di questa pagina dell'Intifada si è detto e scritto molto. Noi invitiamo a guardare il film *The Wanted 18*, un documentario animato dei registi Amer Shomali e Paul Cowan, che racconta quei giorni in modo originale e con un interessante taglio critico.

Sul piano diplomatico i riflessi dell'Intifada furono immediati. Re Hussein di Giordania nell'estate del 1988 fu costretto a rinunciare alle sue rivendicazioni sulla Cisgiordania riconoscendo il diritto dei palestinesi a costruirsi il loro futuro in
piena autonomia. È la fine dell'"opzione giordana", una vittoria per l'Olp. Quello stesso anno, il 15 novembre, Yasser Arafat pronunciò ad Algeri la dichiarazione d'indipendenza palestinese, proponendo la creazione di uno Stato di Palestina
accanto a Israele, quindi solo nei territori occupati del 1967
riconoscendo, indirettamente, il diritto a esistere dello Stato
ebraico. In quel modo aprì in via definitiva il suo percorso
verso la soluzione dei "due Stati" che in contrapposizione,
anche violenta, con la sinistra palestinese, aveva cominciato a
sostenere nel 1973-74 all'interno di Fatah e dell'Olp.

Capitolo tre

Gli accordi di Oslo
e la seconda Intifada

Si tende a indicare la firma degli accordi di Oslo nel 1993 come la fine dell'Intifada cominciata nel 1987. È invece più giusto dire che la prima rivolta palestinese inizia a declinare nel 1990. L'invasione irachena del Kuwait nell'estate di quell'anno, la crisi profonda dell'Unione sovietica giunta ai suoi ultimi respiri e la Guerra del Golfo nel gennaio 1991 spostano su altri scenari l'attenzione internazionale rimasta concentrata per quasi tre anni sui territori occupati da Israele. L'Olp, che aveva guadagnato consensi enormi sui tavoli delle diplomazie grazie alla rivolta, all'improvviso si ritrova sul banco degli imputati, isolata, a causa dell'appoggio che Yasser Arafat, Fatah e le altre forze politiche palestinesi – ad eccezione di Hamas – offrono al leader iracheno Saddam Hussein nella sfida che ha lanciato all'Arabia Saudita e agli altri paesi membri del Consiglio di cooperazione del Golfo, protetti dagli Stati Uniti. Le petromonarchie reagiscono alla linea di Arafat chiudendo i rubinetti dei finanziamenti ai palestinesi. L'Olp si ritrova con le casse quasi vuote, incapace di far affluire nei territori occupati tutti i fondi necessari per tenere in piedi le strutture sorte durante la rivolta. Al prevedibile voltafaccia arabo si aggiunge quello di non poche parti occidentali e il governo israeliano coglie l'occasione per rinsaldare i rapporti con l'Europa e con gli Stati Uniti, guidati dal presidente George Bush e rappresentati in diplomazia dal segretario di Stato James Baker. Per molti mesi è oscurato quanto accade in Cisgiordania e Gaza ma l'Olp ci bada poco e commette l'errore di credere alle capacità militari dell'Iraq e alle promesse di "liberazione" fatte da Saddam Hussein. Nei giorni della guerra, tra gennaio e febbraio 1991, i palestinesi si ritrovano – tranne gli abitanti di Gerusalemme est – sotto un rigido coprifuoco. Si incrina inoltre il loro rapporto con la parte maggioritaria, ma più moderata, del movimento pacifista israeliano, la sinistra sionista, che non riesce a comprendere perché i palestinesi esprimano soddisfazione e persino gioia quando l'Iraq lancia missili Scud contro Tel Aviv e altre città dello Stato ebraico.[1] Nei delicati mesi successivi alla guerra, l'Intifada delle pietre perde il suo slancio e si avvita su se stessa. Le organizzazioni militanti palestinesi appaiono più interessate a punire, anche con la morte, i collaborazionisti veri e presunti di Israele,[2] piuttosto che a ritrovare le energie per riportare nelle strade la popolazione a reclamare libertà e indipendenza.

La conferenza di Madrid

A inserire il freno a mano al motore della rivolta è anche l'iniziativa di Bush e Baker per portare israeliani e palestinesi, assieme a Siria, Libano e Giordania, alla Conferenza multilaterale di pace di Madrid del 30 ottobre 1991. L'Olp, messa ai margini dopo la Guerra del Golfo, viene esclusa. Nonostante

---

1   Tra il 17 gennaio e il 28 febbraio 1991, tanto durò la prima Guerra del Golfo, l'Iraq lanciò trentanove Scud verso Israele. I danni materiali e alle persone furono molto contenuti ma l'effetto psicologico fu enorme sugli israeliani, molti dei quali furono costretti a trascorrere molte notti nei rifugi. Al contrario i palestinesi sotto occupazione salivano sui tetti delle case per osservare i missili in volo verso Tel Aviv, abbandonandosi a canti e balli, scene che spinsero alcuni noti pacifisti israeliani come Geula Cohen e Yossi Sarid a prendere le distanze dall'idea che loro promuovessero il dialogo con l'Olp, a quel tempo considerata "terrorista" dallo Stato ebraico. Sarid, in un famoso articolo, scrisse ai palestinesi «non chiamatemi più, vi cerco io». Da segnalare che in quei giorni le autorità israeliane ordinarono l'arresto del docente universitario palestinese Sari Nusseibeh, intelletuale moderato e da sempre favorevole al dialogo con gli israeliani.

2   Furono diverse centinaia i palestinesi uccisi durante la prima Intifada perché spie o sospettati di essere spie delle forze di occupazione. Molti probabilmente lo erano, ma negli anni successivi si scoprì che non poche di quelle persone erano state accusate ed eliminate ingiustamente o erano rimaste vittime di faide tra famiglie.

ciò il premier israeliano Shamir non vuole la conferenza di Madrid, teme una "trappola" che costringa Israele a negoziare sulla base della risoluzione 242 dell'Onu. Però è costretto a prendere parte agli incontri su intimazione dell'amministrazione Usa. Ottiene comunque che i palestinesi dei territori occupati vadano in Spagna all'interno di una delegazione congiunta con la Giordania. Dai colloqui di Madrid, che andranno avanti per quasi due anni, e che dopo l'apertura si sposteranno a Washington, non uscirà nulla di concreto: Israele offrì solo la creazione di un consiglio formato da quindici membri per amministrare Cisgiordania e Gaza, i palestinesi chiesero invano un'assemblea legislativa composta da centoventi deputati. Restano alle cronache solo il celebre discorso pronunciato all'apertura della conferenza dal capodelegazione palestinese, lo stimato ex dirigente comunista di Gaza, Haidar Abdel Shafi, e il fatto che per la prima volta Israele, palestinesi e i paesi arabi interessati aprirono, sebbene senza risultati, un confronto sul futuro di milioni di profughi palestinesi delle guerre del 1948 e 1967. I delegati palestinesi peraltro non sapevano che dalla fine del 1992 qualcosa stava avvendo dietro le quinte a loro insaputa. Il 23 giugno di quell'anno il Partito laburista, guidato da Yitzhak Rabin, aveva vinto le elezioni e segnalava di voler dare una svolta alla politica estera di Israele, dopo gli anni dell'"ostruzionismo", così come era conosciuta la linea portata avanti da Shamir.

Negoziati segreti a Oslo

Il premier Rabin e il ministro degli esteri Peres sapevano che Israele stava negoziando a Washington indirettamente con l'Olp e non con semplici esponenti dei territori occupati. Perciò si fece strada, per l'insistenza del vice ministro degli esteri Yossi Beilin, l'idea del riconoscimento di Arafat e della leadership palestinese in esilio. Con una Olp indebolita, priva di risorse e isolata nel mondo arabo, il governo Rabin immaginava di poter raggiungere un risultato che favorisse il soddisfacimento delle condizioni poste da Israele per un accordo: nessun compromesso sul controllo israeliano sull'intera Gerusalemme e no al ritorno dei profughi palestinesi. Peres in particolare, che teorizzava nei suoi libri un "nuovo Medio oriente" fondato sulla "cooperazione economica", riteneva che l'accordo a basso costo con i palestinesi avrebbe portato Israele a firmare trattati di pace con gran parte dei paesi arabi. Così mentre a Washington si negoziava invano da oltre un anno, dal gennaio del 1993 ebbero inizio a Oslo colloqui segreti tra due rappresentanti israeliani, Yair Hirschfeld e Ron Pundak, e il tesoriere dell'Olp, Ahmed Qurei (Abu Alaa). In otto mesi e dopo quattordici sessioni di incontri lontani dall'attenzione pubblica, questi tre uomini diedero vita agli accordi di Oslo. Il 23 agosto del 1993, per la prima volta Rabin disse pubblicamente «non c'è altra possibilità che riconoscere l'Olp». Il giorno seguente Peres volò a Oslo e concluse con Ahmed Qurei quella che è passata alla storia come la "dichiarazione di principi su accordi transitori di autogoverno".[3] Nei giorni successivi ci fu l'annuncio clamoroso dell'intesa israelo-palestinese, salutata da molti nel mondo, con ingiustificata enfasi, come l'alba di un nuovo mondo e di un "Medio oriente di pace". Alla Casa Bianca, il 13 settembre 1993, alla presenza del presidente Bill Clinton,

---

3   Più che un accordo, la dichiarazione era un'agenda per nuovi negoziati e una tabella di marcia. Prevedeva un ritiro delle forze israeliane da alcune aree della Striscia di Gaza e della Cisgiordania, e affermava il diritto palestinese ad autogovernarsi attraverso la creazione dell'Autorità nazionale palestinese (Anp). L'obiettivo palestinese era chiaramente quello di creare le fondamenta per il loro Stato indipendente. L'Anp quindi era solo un governo ad interim per un periodo di cinque anni, durante i quali sarebbe stato negoziato un accordo permanente. Le questioni più complesse come Gerusalemme, colonie israeliane, profughi palestinesi, sicurezza e confini, furono lasciate in sospeso. Nel frattempo Cisgiordania e Striscia di Gaza sarebbero state divise in tre zone: A, pieno controllo dell'Anp; B, controllo civile palestinese e israeliano per la sicurezza; C, controllo israeliano eccetto che sui civili palestinesi. Il governo Rabin riconobbe l'Olp come legittimo rappresentante del popolo palestinese, l'Olp riconobbe il diritto a esistere dello Stato di Israele e rinunciava all'uso della violenza. L'Anp vide la luce il 4 maggio del 1994, Arafat rientrò a Gaza nell'estate del 1994. Nel 1995 furono poi firmati gli accordi noti come Oslo II, per il proseguimento del ritiro delle forze armate israeliane dall'area A (circa il 14% della Cisgiordania).

Israele e Olp firmarono la dichiarazione di principi e Rabin e Arafat si scambiarono la prima stretta di mano. Quel giorno, per molti, ha avuto termine la prima Intifada, costata la vita ad oltre milleduecento palestinesi e il ferimento di altre migliaia colpiti dal fuoco dell'esercito di occupazione (i morti israeliani furono centosessanta, un centinaio di civili e i rimanenti membri delle forze di sicurezza).

La firma della dichiarazione di principi tra Israele e Olp

L'accordo norvegese fu accolto con molto favore in casa israeliana. Le proteste e gli avvertimenti della destra e dei coloni, non riuscirono a scalfire la convinzione di gran parte degli israeliani di essere vicini a una soluzione del conflitto a condizioni estremamente vantaggiose per lo Stato ebraico, che aveva nelle sue mani il timone della realizzazione delle intese con l'Olp. Yasser Arafat invece affrontò profonde critiche, anche all'interno di Fatah oltre che da sinistra, per la fragilità di intese solo su alcuni principi generali che garantivano poco o nulla ai palestinesi: un po' di autonomia a Gaza e, a tappe, in una Cisgiordania suddivisa in tre aree, dove solo in quella più piccola la nascente Autorità nazionale palestinese (Anp) avrebbe avuto una gestione (quasi) piena. Nulla garantiva che sarebbe stato raggiunto il traguardo dell'indipendenza. Hamas bocciò seccamente gli accordi e la sua ala militare avrebbe poi compiuto diversi attentati, con numerose vittime, militari e civili, nel tentativo di bloccarli. Anche la Siria condannò Arafat e offrì appoggio, ad ogni livello, ai palestinesi schierati contro quelle intese. I profughi sparsi nei campi in Libano, Siria e Giordania si sentirono traditi e abbandonati al loro destino.

Arafat respinse tutte le critiche. Con ottimismo spiegò che quelli raggiunti ad Oslo se da un lato erano accordi transitori dall'altro erano necessari per costruire, passo dopo passo, uno Stato indipendente palestinese, con capitale Gerusalemme est e il pieno consenso della comunità internazionale. I negoziati finali, aggiunse, avrebbero dato una soluzione anche al problema dei profughi. I palestinesi dei territori occupati, in gran parte, si schierarono dalla sua parte. Il leader dell'Olp scoprirà negli anni successivi di aver commesso un grave errore ad accettare un lungo e tortuoso percorso a tappe che, dopo gli iniziali progressi, avrebbe visto i palestinesi fermi quasi al punto di partenza. Ventiquattro anni dopo la firma della dichiarazione di principi, i palestinesi controllano, solo dal punto di vista amministrativo, Gaza (ma sotto embargo israeliano dal 2006-7) ed appena il 14% della Cisgiordania. La colonizzazione israeliana è avanzata senza soste, le appropriazioni di terre e altre politiche sul terreno hanno reso di fatto impossibile la nascita dello Stato palestinese indipendente e sovrano in Cisgiordania e Gaza, con capitale Gerusalemme est promesso da Arafat. E per chi vive nei territori occupati l'apartheid non è più solo uno spettro, come ha avvertito anche un ex presidente americano, Jimmy Carter, nel suo libro *Palestine. Peace not apartheid*.

Anni di euforia e buoni affari

Gli anni di Oslo, come vengono comunemente chiamati, possono essere divisi in due periodi: il 1994-95 e il 1996-2000. Il biennio seguito alla stretta di mano tra Rabin e Arafat è caratterizzato da una grande euforia, dall'instaurarsi – solo in apparenza – di nuovi rapporti tra israeliani e palestinesi e da una insana corsa a realizzare "buoni affari in comune" da imprenditori senza scrupoli delle due parti, spesso con l'aiuto, neanche troppo dietro le quinte, di dirigenti politici e dei comandanti dei servizi di sicurezza. Il mondo, non solo in quei due anni, ha versato a sostegno delle intese di Oslo risorse immense. Centinaia di milioni di dollari furono investiti "nel processo di pace" dall'Unione europea e altri attori internazionali, spesso senza richiedere precisi criteri di trasparenza. Sorse una vera e propria "industria della pace" rappresentata da Ong e associazioni israeliane, palestinesi e internazionali ufficialmente interessate a dare sostegno allo "storico accordo" e che in realtà puntavano a mettere le mani su quella fortuna. Di quell'enorme flusso di denaro beneficiarono soprattutto le casse dell'Anp, con l'effetto di generare sprechi e una corruzione diffusa ai vertici palestinesi che Yasser Arafat non ebbe modo o non volle bloccare. L'idea dei governi occidentali era che rafforzando finanziariamente le nascenti istituzioni di governo palestinesi si garantisse indirettamente protezione allo Stato di Israele. E in effetti l'Anp non mancò di fare la sua parte nella cooperazione di sicurezza con lo Stato ebraico, come continua a fare ancora oggi. Su ordine della presidenza e dei capi del servizio di sicurezza preventiva a Gaza e in Cisgiordania, Mohammed Dahlan e Jibril Rajoub, finirono nelle prigioni palestinesi centinaia di oppositori, in buona parte militanti di Hamas.

L'assassinio di Yitzhak Rabin

Hamas mise a segno nuovi attentati, con molte vittime, facendo vacillare il sostegno dell'opinione pubblica israeliana alla linea di Rabin. Ma a dare i colpi decisivi alle intese di Oslo non fu l'ala militare del movimento islamico. Più efficaci furono gli ultranazionalisti israeliani. Un primo importante segnale si era avuto a Hebron, nel febbraio 1994. Un colono, Baruch Goldstein, sparò con il suo mitra nella Tomba dei Patriarchi uccidendo ventinove palestinesi in preghiera. Poi i più fanatici, che avevano le loro roccaforti in alcune delle colonie in Cisgiordania, compresero che la chiave del successo degli accordi di Oslo non era nelle mani di Arafat bensì in quelle della parte più forte, Yitzhak Rabin, chiamato a consegnare ai palestinesi le "terre redente" da Israele nel 1967 e che, nella loro visione messianica, erano state restituite da Dio agli ebrei con la vittoria nella Guerra dei sei giorni. Rabin fu prima accusato di mettere in pericolo la sicurezza di Israele, proprio lui che fino a qualche tempo prima era conosciuto come "Mr. Sicurezza", il bastonatore dei palestinesi. Poi di tradire le sacre scritture e di andare contro i disegni divini. Dopo una lunga serie di manifestazioni organizzate dalla destra, in cui Rabin fu addirittura mostrato su alcuni poster in uniforme nazista, la sera del 4 novembre 1995, durante un raduno a Tel Aviv a sostegno del governo, un giovane ebreo, Yigal Amir, sparò al primo ministro. Rabin spirò qualche minuto dopo in ospedale.

L'avvento di Benjamin Netanyahu

Nominato successore di Rabin, Shimon Peres completò il ritiro dalle principali città palestinesi della Cisgiordania previsto dagli accordi di Oslo II, ma non aveva il polso per tenere sotto controllo una situazione in rapido peggioramento. L'assassinio a Gaza di un capo militare di Hamas, Yahya Ayyash, detto "l'ingegnere", da parte dei servizi segreti israeliani, innescò nei primi mesi del 1996 una nuova ondata di attentati suicidi del movimento islamico, anche a Tel Aviv e Gerusalemme, che fecero decine di morti tra gli israeliani e contribuirono in modo determinante a far precipitare i consensi per Peres, a pochi mesi dalle elezioni politiche. Il premier, meno autorevole di Rabin, per recuperare i sostegni perduti non si fece scrupolo di lanciare l'11 aprile una vasta e sanguinosa operazione militare contro la guerriglia di Hezbollah in Libano del sud. Non servì a molto. Le elezioni tenute a fine maggio videro Peres uscire sconfitto dal confronto con il suo rivale, allora sconosciuto all'opinione pubblica internazionale, Benjamin Netanyahu, colui che aveva inveito contro Rabin per due anni.

Con il ritorno del Likud al potere, Oslo si ferma. La politica di Netanyahu è orientata a prolungare i negoziati il più possibile facendo leva sulla posizione di forza di Israele e realizzando unilateralmente sul terreno fatti compiuti. All'inizio del 1997 il nuovo premier firmò un accordo con Arafat, per la spartizione di Hebron – la parte storica della città, con la Tomba dei Patriarchi, di fatto fu consegnata al controllo totale delle poche centinaia di coloni ebrei che vi risiedono, tra circa venticinquemila palestinesi, con la protezione dell'esercito israeliano – ma fu solo un fuoco di paglia. Nei tre anni successivi, con Netanyahu al potere, ripresero le costruzioni di nuovi insediamenti coloniali e non si fece alcun passo in avanti nell'attuazione delle scadenze previste dagli accordi sottoscritti tra il 1993 e il 1995. Il governo di destra israeliano, contrario alla creazione di uno Stato palestinese, insisteva sulla sicurezza. Chiese e ottenne dai palestinesi nuove azioni di forza contro Hamas sulla base del memorandum di Wye River firmato nel 1998. Gli accordi in ogni caso non fecero alcun progresso. Arafat ottenne solo l'apertura di un aeroporto a Rafah, in realtà gestito dagli israeliani.

Ehud Barak premier e la passeggiata di Sharon

I laburisti tornano al governo con le elezioni del 17 maggio 1999. Il nuovo premier Ehud Barak, pluridecorato comandante militare – in passato tra i protagonisti di diverse operazioni speciali contro l'Olp e dell'assassinio a Tunisi nell'aprile 1988 del capo delle operazioni di Fatah, Abu Jihad – è un falco. È l'anno in cui, secondo la dichiarazione di principi e gli accordi di Oslo I e II, si dovrebbero completare i negoziati sullo status finale dei territori occupati. E anche in fretta, considerando la paralisi dei tre anni di Netanyahu. Barak invece rallenta sul binario israelo-palestinese per impegnarsi in una trattativa, mediata dagli americani, con il presidente siriano Hafez al Assad. Mesi di negoziati che non portano a nulla e quando Barak ritorna dai palestinesi, la situazione nei territori occupati è in ebollizione. Le tensioni emerse nel 1998, in occasione del cinquantesimo anniversario della fondazione di Israele e della Nakba palestinese, si trasformano in proteste, anche violente, tra il 1999 e l'inizio del 2000. Se gli israeliani sono disincantati verso "lo storico accordo", i palestinesi sono totalmente sfiduciati, hanno perduto quasi ogni speranza. Negli ultimi tre-quattro anni non si è fatto alcun passo in avanti e il laburista Barak non ha voglia di correre ad attuare punti degli accordi in cui non crede, come la creazione del "corridoio sicuro" per i movimenti tra Cisgiordania e Gaza e la scarcerazione dei prigionieri politici. Marwan Barghouti, capo di Fatah in Cisgiordania, reagisce alla situazione recuperando lo spirito da combattente e riorganizzando in senso più militante la base (Tanzim) del suo movimento. Barghouti e anche altri dirigenti di Fatah parlano ormai di "fallimento di Oslo". La parola fine viene però scritta nell'estate del 2000. Invitati da Bill Clinton a Camp David, a fine luglio Barak e Arafat annunciano il fallimento delle trattative sullo status finale. Lo scambio di accuse è feroce. Israele afferma di aver offerto ai palestinesi condizioni molto vantaggiose. Arafat, lasciato solo dal mondo arabo, al suo rientro a Ramallah spiega alla sua gente che non avrebbe mai potuto firmare un accordo definitivo che non offre alcuna garanzia di ritorno ai profughi palestinesi e non assicura sovranità ai palestinesi su Gerusalemme est.

Nei due mesi successivi, passati ad accusarsi reciprocamente del fallimento del negoziato, con Bill Clinton che pende visibilmente dalla parte di Barak, il premier israeliano e il presidente palestinese non si incontreranno più. Si rivedranno solo il 25 settembre in una località segreta, senza risultato. La rabbia palestinese è alle stelle ormai. La popolazione e la stessa leadership sanno che la pace di Oslo e i negoziati non porteranno allo Stato indipendente. Yasser Arafat, di fronte al malcontento crescente della sua gente, stanca anche di anni di corruzione dilagante nell'Anp e di malgoverno, gioca la carta dell'intransigenza nel tentativo di recuperare i consensi perduti. In questo clima esplosivo il 28 settembre, dopo aver ottenuto il permesso di Barak, Ariel Sharon divenuto capo del Likud decide di fare una passeggiata sulla Spianata della moschea di al-Aqsa a Gerusalemme, terzo luogo santo dell'islam e sito religioso di eccezionale importanza già più volte al centro delle tensioni israelo-palestinesi. Quella mattina il superfalco della politica israeliana – accompagnato da una delegazione del suo partito e da centinaia di poliziotti in tenuta antisommossa – è consapevole che la sua visita, motivata ufficialmente dal desiderio di percorrere l'area del "Monte del tempio" che, secondo la tradizione ebraica, sorgeva dove ora ci sono le moschee, non potrà che provocare la frattura decisiva nelle fondamenta di Oslo. Gli scontri tra palestinesi e polizia inizialmente sono contenuti. Il giorno dopo, il 29 settembre, un venerdì di preghiera per i musulmani, divampa incontenibile la rabbia per la passeggiata di Sharon sulla Spianata di Al-Aqsa: i palestinesi la considerano "una grave provocazione". Gli scontri fanno morti e feriti tra i dimostranti. Nei giorni successivi la violenza coinvolge ogni angolo dei territori occupati, inarrestabile. È cominciata la seconda Intifada palestinese, l'Intifada di al-Aqsa.[4]

La seconda Intifada

La nuova rivolta ha punti in comune ma anche importanti differenze rispetto alla prima. Vede, ad esempio, la partecipazione di centinaia di uomini delle forze di sicurezza dell'Anp pronti a combattere in armi contro l'esercito israeliano, senza più rispondere a ordini dall'alto. La popolazione scende, almeno inizialmente, in massa in strada – lo fanno anche i palestinesi cittadini d'Israele, gli arabo israeliani –[5] ma arretra nelle settimane successive, di fronte ad uno scontro sempre più violento, divenuto monopolio di gruppi armati che fanno riferimento alle varie fazioni, e alla risposta eccezionalmente dura delle

4   Le ragioni del fallimento degli accordi di Oslo e dei negoziati di Camp Dvid meriterebbero uno spazio molto più ampio rispetto a quello contenuto in questo libro. Motivi di spazio e, più di tutto, la priorità di dare spazio alla descrizione e analisi della situazione oggi, cinquant'anni dopo l'inizio dell'occupazione israeliana dei territori palestinesi, non ci hanno permesso di approfondire questa fase della vicenda storica israelo-palestinese. Un testo utile per approfondire le basi del fallimento di Camp David è *The truth about Camp David, the untold story about the collapse of the Middle East peace process*, di Clayton E. Swisher, Nation Books, New York 2004.

5   In quei giorni è il deputato arabo alla Knesset, Azmi Bishara, a spiegare le ragioni della partecipazione dei palestinesi d'Israele alle prime fasi dell'Intifada di al-Aqsa. *Galilea, la rivolta araba*, in *Nel Baratro*, di Michele Giorgio, Alegre, Roma 2012, pag. 29.

forze militari israeliane. La reazione dello Stato ebraico ha quasi il carattere di una vendetta contro i palestinesi accusati, non solo dagli israeliani, di aver colpito alle spalle dopo aver "recitato" la parte di chi vuole una soluzione negoziata. Il ruolo dei mezzi d'informazione israeliani e internazionali, soprattutto nel primo anno dell'Intifada di al-Aqsa, è decisivo per addossare ai palestinesi la responsabilità del "disastro" di Camp David e dell'ondata di violenze. Barak è inferocito con Arafat che, a sua volta, non ha alcuna intenzione di mostrarsi conciliante mentre decine di palestinesi cadono sotto i colpi sparati dai soldati israeliani. Peraltro il presidente dell'Anp sa che la rabbia della sua gente non è rivolta solo contro Israele. Anche l'Anp è un bersaglio, troppe cose non hanno funzionato durante la pace di Oslo, è forte la frustrazione per le promesse non mantenute.

L'analista Mouin Rabbani scrive di quei giorni che «Il rifiuto di tornare allo status quo ante è il principale comun denominatore che riunisce tutti i livelli sociali e politici palestinesi, risultando di conseguenza la forza propulsiva della nuova rivolta. Spinti dall'esito infausto delle rivolte del 1987-1993 e profondamente colpiti dal contrasto tra il sistematico disprezzo israeliano per il suo "alleato per la pace" palestinese e il rispetto relativamente scrupoloso dei taciti accordi con Hezbollah, nemico giurato di Israele, i leader della nuova ribellione, come il segretario generale (di Fatah) in Cisgiordania Marwan Barghouti, dichiarano che la lotta continuerà finché Israele non acconsentirà a una pace vera e la metterà anche in pratica».[6]

Sharon diventa premier

Con l'elezione a presidente degli Stati Uniti di George W. Bush, il nuovo premier israeliano, Ariel Sharon, eletto all'inizio del 2001 e scelto dagli israeliani per spegnere la nuova Intifada

---

6   Mouin Rabbani, *Il gran buffet dei fallimenti. Oslo e l'Intifada di Al-Aqsa*, in Roane Carey (a cura di), *La nuova Intifada*, Marco Tropea Editore, Milano 2002, p. 104.

e punire i palestinesi, trova l'alleato giusto per portare avanti la sua strategia. Il suo primo obiettivo è colpire l'Anp, la creatura partorita da Oslo. Ai suoi ordini le forze armate concentrano la loro azione contro la polizia e i servizi di sicurezza dell'Anp, nonostante fosse soprattutto Hamas a mettere in pericolo gli israeliani con attentati suicidi compiuti contro luoghi di aggregazione, autobus e locali notturni. Quando a marzo 2002 gli attacchi kamikaze fecero strage di civili israeliani – in un mese circa cento morti – il primo ministro diede il via all'operazione "muraglia di difesa" finalizzata alla rioccupazione delle città autonome palestinesi. Betlemme, Ramallah con la Muqata, il quartier generale dell'Anp, Jenin, Nablus e in misura minore Hebron, Tulkarem, Qalqilya furono invase dai reparti corazzati dell'esercito israeliano che, oltre a fare centinaia di morti, ridussero in macerie caserme, basi, postazioni e centri dell'Anp. Catturarono l'attenzione internazionale l'assedio di Jenin, conclusosi con la distruzione di metà del campo profughi dove, secondo Israele, si nascondevano gli organizzatori di molti attentati suicidi, e quello alla Chiesa della Natività di Betlemme dove si erano rifugiati decine di militanti palestinesi che, sulla base di un accordo internazionale, furono poi deportati a Gaza e all'estero. Anche Hamas fu colpito ma meno dell'Anp, con azioni mirate che decapitarono a Gaza come in Cisgiordania la leadership politica – incluso il fondatore Ahmad Yassin, nel 2004 – e che scalfirono soltanto la struttura militare del movimento islamico. Il bersaglio principale di Sharon continuava ad essere l'antico nemico, Yasser Arafat.

Nel 2001, dopo gli attentati di al Qaeda alle Torri Gemelle, il premier israeliano si affrettò a definire Arafat "l'Osama bin Laden di Israele". Il leader palestinese fu accusato, con l'assenso Bush, di essere l'unico responsabile della situazione sfuggita ad ogni controllo. Fu proclamato "irrilevante" e nel periodo successivo gli fu imposta la nomina di primo ministro e, informalmente, di un "numero due", Mahmud Abbas (Abu Mazen), considerato da Washington e Tel Aviv, più "malleabile" e affidabile dell'anziano presidente palestinese e leader dell'Olp.

Quindi Arafat fu confinato nella Muqata di Ramallah dalla quale sarebbe uscito solo il 29 ottobre del 2004 per andare a curarsi in Francia dove, l'11 novembre, sarebbe morto per un'emorragia cerebrale.[7] Il suo erede politico, Marwan Barghouti, era già in carcere in Israele, catturato il 15 aprile del 2002 dalle truppe israeliane a Ramallah durante l'operazione "muraglia di difesa" e accusato di aver organizzato una serie di attentati. Una sorte diversa ha subito, in quello stesso periodo, il leader del Fplp, Ahmad Saadat, ritenuto da Israele il mandante dell'omicidio, avvenuto in un hotel di Gerusalemme, nel 2001, del ministro e leader dell'ultradestra Rehaham Ze'evi. Saadat viene arrestato dai servizi di sicurezza dell'Anp e incarcerato a Gerico.[8] In quegli anni insanguinati svaniscono nel nulla gran parte dei pacifisti israeliani, sostenitori fino al 2000 della soluzione dei "due Stati".

Il muro e il piano di disimpegno

Il 2002 non è solo l'anno di "muraglia di difesa". A primavera, Ariel Sharon decide di dare esecuzione alla costruzione del muro di separazione (chiamato dai palestinesi muro dell'apartheid), una barriera di cemento armato e reticolati tra Israele e la Cisgiordania, che penetra per chilometri all'interno

---

7   Nonostante le indagini mediche svolte da specialisti francesi e svizzeri non lo abbiano confermato, i palestinesi continuano a pensare che Yasser Arafat sia stato lentamente avvelenato da qualcuno del suo entourage, per ordine di Israele. A contribuire a questa tesi è la misteriosa malattia del sangue che ha colpito il presidente palestinese, mai identificata dalle équipe mediche che lo hanno esaminato e avuto in cura.

8   Marwan Barghouti sconta in prigione in Israele una condanna a cinque ergastoli e a decine di anni di detenzione. Lui si è sempre dichiarato un "prigioniero politico". Israele lo considera e lo definisce un "terrorista". A nulla sono servite le campagne internazionali avviate a sostegno della sua scarcerazione. Barghouti comunque resta molto popolare tra i palestinesi e, dal carcere, continua ad esercitare una notevole influenza politica. Saadat, succeduto al leader del Fplp Abu Ali Mustafa, assassinato da Israele nel 2001, dopo essere rimasto in un carcere palestinese per cinque anni, il 14 marzo 2006, fu prelevato con la forza dall'esercito israeliano al termine di una giornata di assedio alla prigione di Gerico dove era detenuto, conclusasi con un bilancio di due morti e venti feriti (tutti palestinesi). Portato in un carcere israeliano sconta una condanna all'ergastolo.

del territorio palestinese. La motivazione ufficiale è la necessità di proteggere Israele dal terrorismo. Per i palestinesi invece il progetto ha finalità solo politiche: annettere allo Stato ebraico, senza dichiararlo apertamente, le porzioni di Cisgiordania dove si concentrano gran parte delle colonie ebraiche.[9] Sharon non è stato il primo a concepire il muro. Il progetto era stato preso in considerazione già da Ehud Barak e l'idea girava da qualche anno tra i laburisti, sostenitori, a differenza della destra israeliana, della "separazione" completa dai palestinesi. Prima del via alla barriera in Cisgiordania era già stata avviata la costruzione di un muro intorno a Gerusalemme, un progetto che, unito a quello approvato da Sharon, isolerà la parte araba (est) della città santa, occupata da Israele, dalla Cisgiordania.

Nei mesi successivi il premier israeliano concepisce anche il "piano di disimpegno unilaterale" da Gaza e da alcune piccole aree della Cisgiordania, che sarà approvato dal governo il 6 giugno 2004. Sharon spiega che il piano avrebbe migliorato la sicurezza di Israele e il suo status internazionale. In realtà il primo ministro sapeva che non era più razionale per Israele investire cospicue risorse e impiegare ingenti forze militari per proteggere i circa novemila coloni insediati a Gaza, ormai totalmente nelle mani dei gruppi armati palestinesi. A metà agosto del 2005, tra le proteste della destra più radicale, i coloni

---

9   Lunga 730 chilometri, costituita da trincee, recinti elettronici, cancelli di entrata e di uscita, lastroni di cemento armato alti anche otto metri, strade per il pattugliamento da un lato e dall'altro, la barriera include anche numerosi pozzi d'acqua e centinaia di ettari di terra agricola. In alcuni punti, come nei pressi della colonia di Ariel, penetra anche per 22 chilometri all'interno della Cisgiordania. Il suo tracciato è stato modificato numerose volte, però sempre sulla base di decisioni prese dal governo, dai progettisti e dai giudici israeliani e mai per rispettare i pronunciamenti delle istituzioni internazionali. I governi israeliani non hanno dato peso neanche al parere espresso nel luglio 2004 dalla Corte internazionale dell'Aja, che ha condannato il progetto. Gli israeliani affermano che il muro ha ridotto il numero degli attentati anti-israeliani. I palestinesi denunciano con forza la limitata libertà di movimento che esso comporta per molte comunità, il mancato accesso ai campi coltivati da parte degli agricoltori, e ripetono che rappresenta di fatto una frontiera di separazione decisa unilateralmente da Israele. La teorizzazione e realizzazione del muro, e delle sue conseguenze per la popolazione civile palestinese, sono raccontate in modo dettagliato da Ray Dolphin in *The West Bank Wall. Unmaking Palestine*, Pluto Press, Londra 2006.

furono evacuati, in qualche caso con la forza. Dieci giorni più tardi vennero sgomberati quattro piccoli insediamenti ebraici nel nord della Cisgiordania. La demolizione delle colonie di Gaza fu completata l'11 settembre. Contestato all'interno del Likud e dai nazionalisti religiosi, Sharon il 21 novembre 2005 uscì dal suo partito per fondarne un altro, Kadima, ufficialmente centrista, in cui confluì anche l'ex laburista Shimon Peres. Il ritiro unilaterale da Gaza e la fondazione di Kadima permetterà al premier israeliano di chiudere la sua carriera politica e la sua vita (nel 2014, dopo anni trascorsi in coma per l'emorragia cerebrale che lo aveva colpito nel 2006) come un "uomo di pace" e non come un "falco". Dopo l'evacuazione dei coloni da Gaza furono messe da parte le responsabilità di Sharon nel massacro di Sabra e Shatila (mai giudicate da una Corte internazionale), in varie sanguinose operazioni militari e la provocatoria passeggiata sulla Spianata di al-Aqsa che aveva innescato nel settembre del 2000 la nuova Intifada.

La fine dell'Intifada di al-Aqsa

La seconda rivolta palestinese intanto poteva dirsi esaurita, sia nelle sue espressioni armate che in quelle popolari e pacifiche rappresentate dalla lotta non violenta dei palestinesi contro il muro e a difesa di aree della Cisgiordania minacciate dall'espansione delle colonie israeliane. In sei anni, dal 2000 al 2006, sono stati uccisi oltre tremilaottocento palestinesi e milledieci israeliani. I palestinesi alla fine dell'Intifada, che alcuni fissano al 2005, eleggono come presidente Mahmoud Abbas. Una presidenza debole e monca. Leader, Abbas lo è, da allora, solo in Cisgiordania. Lo scontro politico tra Fatah e Hamas, divampato dopo la vittoria elettorale degli islamisti nel gennaio 2006, sfocia l'anno successivo in una sanguinosa battaglia nelle strade di Gaza, di cui il movimento islamico prende il pieno controllo. La crisi interna palestinese non è mai stata superata, nonostante gli annunci di "riconciliazione" tra le due parti rimasti fino a oggi sulla carta. La Striscia di Gaza ha subito tre ampie e devastanti offensive militari israeliane – nel 2008, 2012, 2014 – che hanno fatto migliaia di morti e distruzioni immense, che lo Stato ebraico ha giustificato con la necessità di mettere fine al pericolo rappresentato da lanci di razzi palestinesi sulle sue città meridionali. Dal 2009 gli israeliani ad ogni elezione rinnovano la loro fiducia a Benjamin Netanyahu che in questi anni ha dato vita a governi sempre più spostati a destra, fino a realizzare un'alleanza strategica con le forze più nazionaliste e religiose dello schieramento politico volta a sviluppare ulteriormente la colonizzazione.[10]

La solitudine della generazione post-Oslo

Dal suo ufficio al secondo piano di una vecchia casa di Beit Sahour, dietro a un caffè e al fumo costante della sigaretta, l'analista Nassar Ibrahim lo ripete continuamente: «Intere generazioni sono nate e morte sotto occupazione, senza vedere un solo giorno di libertà».

Dopotutto quella generazionale era stata una delle strategie israeliane, riassunte in uno slogan attribuito al "padre della patria" David Ben Gurion: «I vecchi moriranno, i giovani dimenticheranno». Seppure dubbi restino sulla paternità della dichiarazione, quello dell'oblio è innegabilmente un obiettivo israeliano. Realizzato solo in parte: è vero che molti dei giovani che oggi vivono nei territori occupati sono tacciati dai più di essere scarsamente interessati alla causa e molto di più a iPhone e magliette firmate. Ma è anche vero che la narrativa palestinese è profondamente radicata nella società, filo d'Arianna che un intero popolo usa ancora oggi per non perdere la via.

10   Con l'introduzione di Noam Chomsky e approfondimenti firmati da intellettuali e studiosi del valore di Edward Said, Sara Roy, Salman Abu Sitta, Robert Fisk, *La Nuova Intifada*, che abbiamo già citato in questo capitolo, è una delle pubblicazioni più complete apparse in Italia sulla seconda Intifada palestinese.

Nei campi profughi bambini e adolescenti raccontano a menadito la storia dei propri villaggi di origine, così come narrata dai nonni e dai genitori, con orgoglio familiare e comunitario. Non è un caso che buona parte delle attività politiche di questi anni parta e si sviluppi nei campi in Cisgiordania, diventati in molti casi punto di riferimento di formazione politica e attivismo per i giovani "di città", chi profugo non è.

La chiamano "generazione Oslo", i giovani nati dopo il 1993 e la prima Intifada. Troppo piccoli nel 2000 per ricordarsi della seconda, cresciuti nel pieno del fayyadismo (gli anni di riforme economiche che dal 2008 al 2013 ha avuto come protagonista l'allora premier Salam Fayyad), hanno oggi tra i sedici e i venti anni. Spesso etichettati come superficiali e poco politicizzati, sono stati protagonisti del crollo delle attività politiche nelle scuole e nell'università, una delle conseguenze di anni di sollevazione popolare che prima bloccarono la vita quotidiana e poi uccisero le ambizioni politiche della generazione prima di loro, i trentenni di oggi.

Il naturale ripiego figlio delle delusioni e delle sofferenze indicibili che la seconda Intifada portò con sé ha avuto come principali vittime gli adolescenti di oggi. Vittime dell'assenza di strategia politica e della perdita di identità che sta portando con sé. A metterlo sotto gli occhi di tutti è stata la cosiddetta Intifada di Gerusalemme, una sollevazione che popolare non è stata mai, ma che ha accompagnato dal 1° ottobre 2015 a tutto il 2016 i territori occupati e lo Stato di Israele. Attacchi veri e presunti, spesso con semplici coltelli da cucina in mano, si sono susseguiti con sempre meno intensità nel corso dei mesi, accompagnati a una durissima repressione e una modifica ufficiosa delle regole di ingaggio dei soldati israeliani: come denunciato da numerose organizzazioni per i diritti umani internazionali, palestinesi e israeliane, i militari hanno fatto propria la legge dello "spara per uccidere". Omicidi extragiudiziali non giustificati dall'imminente pericolo che i veri o presunti aggressori rappresentavano hanno costellato la cosiddetta terza Intifada, un bagno di sangue.

A tenere il conto delle morti è stata l'agenzia stampa palestinese *Ma'an News*[11] che ha aggiornato i dati sulle vittime e cercato di dare il quadro della situazione con i numeri. Che dimostrano una realtà ormai palese: a morire sono i giovanissimi, la generazione Oslo appunto, guidata da una disperazione legata all'oppressione dell'occupazione ma anche alla convinzione di essere privi di una leadership politica.

L'età media dei palestinesi uccisi dal 1° ottobre 2015 (a seguito di aggressioni ma più spesso in azioni unilaterali dei soldati israeliani) è di ventitré anni. L'età più frequente dei giovani uccisi è di diciannove anni, con 22 morti su un totale di 234. I minorenni che hanno perso la vita sono stati 60, il 25% del totale: tra loro 11 avevano meno di quattordici anni, 49 ne avevano tra i quindici e i diciassette. I maggiorenni sotto i ventiquattro anni a morire per mano dell'esercito israeliano sono stati 118.

Un paio di somme ed emerge come 178 dei 234 palestinesi uccisi nel periodo in questione, il 76% del totale, avevano meno di ventiquattro anni. Ovvero sono nati tutti durante o dopo la firma degli accordi di Oslo, durante o dopo il 1993. Un elemento centrale nell'analisi dell'attualità palestinese: oltre la metà della popolazione ha meno di diciannove anni. Più del 50% dei palestinesi che vivono nei territori, cioè, è nato alla fine degli anni Novanta. Oltre la metà dei palestinesi è nata dopo il processo di pace che ha portato alla nascita dell'Autorità nazionale palestinese e alla scomparsa politica dell'Olp; è cresciuta con la divisione amministrativa della Cisgiordania in area A, B e C e con la costruzione del muro e il sistema dei checkpoint. Non ha mai viaggiato liberamente per la Palestina storica, né intessuto rapporti normali e continui con i coetanei al di là delle diverse barriere innalzate dalle autorità israeliane. La metà della popolazione dei territori è nata e cresciuta accanto all'implosione della sinistra palestinese e all'evaporazione di un movimento di liberazione nazionale capace di individuare una strategia di lungo periodo, politica, culturale, sociale.

11   http://www.maannews.com/Content.aspx?id=773407.

Sono loro la principale preda della sistematica frammentazione del popolo palestinese e della sua identità, con la conseguente emersione di stereotipi divisivi interni. Un paio di anni fa un giovane palestinese di Gaza, dipendente di un'organizzazione non governativa, ci stupì dicendo che in Cisgiordania palestinesi e israeliani hanno la possibilità di conoscersi e mescolarsi perché vivono insieme, nelle stesse terre, ignorando del tutto la separazione e il significato di "colonia". Poco prima un cinquantenne gazawi raccontava con nostalgia i viaggi frequenti a Jaffa e Gerusalemme, a Betlemme e Hebron e i tanti amici che lì aveva. Due generazioni lontanissime, nel tempo e nello spazio, che danno la misura della perdita di legami tra palestinesi sotto la stessa occupazione.

Dal 1948 in poi Israele ha lavorato alla separazione identitaria del popolo palestinese, principalmente attraverso la divisione geografica e la piramide dell'esclusione: a seconda delle diverse carte d'identità – emesse sulla base del territorio di residenza – i palestinesi godono di diritti differenti e quindi di un differente livello di integrazione. Se in fondo alla piramide stanno i circa sette milioni di rifugiati della diaspora, in cima stanno i palestinesi cittadini d'Israele. In mezzo i residenti di Gaza, quelli di Cisgiordania e quelli di Gerusalemme est.

La divisione amministrativa ha modificato la forma mentis collettiva del popolo palestinese e provocato nel corso dei decenni la convinzione (ancora più radicata oggi, proprio a causa della struttura demografica attuale) di soffrire di occupazioni diverse e dunque di dover rispondere con forme di resistenza diverse. Una frammentazione del movimento di liberazione che si specchia con la crisi della leadership palestinese e la morte cerebrale dell'Olp, inteso come rappresentante di ogni singolo palestinese, ovunque egli fosse. La sua sostituzione con l'Anp, rappresentante dei soli territori occupati, ha ingigantito il senso di perdita di identità vissuto soprattutto dai palestinesi cittadini israeliani.

Qualche legame, però, resta e si è sviluppato attraverso la rete. Nei mesi caldi dell'inverno 2015, quando manifestazioni spontanee spuntarono in Cisgiordania, Gaza, Gerusalemme ma anche nelle città arabe di Israele, da Umm al-Fahem a Nazareth, sono stati i social network a mettere in contatto giovani che non si erano mai parlati prima.

«La sollevazione iniziata il 1° ottobre 2015 è stata guidata per lo più dai giovani, ragazzi di venti anni in media. Non era organizzata né aveva una leadership ed è stata caratterizzata dalla contemporaneità geografica: ha riguardato i territori occupati e la Palestina '48 [l'attuale Stato di Israele, *n.d.r.*] nello stesso momento». Anche Nur Arafeh[12] è giovanissima. Lavora come ricercatrice e analista per il think tank palestinese al-Shabaka: «Vale la pena analizzare questi elementi perché riflettono un contesto più ampio: in primo luogo mostrano come i giovani cosiddetti post-Oslo siano portatori di una visione del tutto nuova. Non credono alla narrativa del processo di pace dell'Anp, ovvero il negoziato permanente con Israele e la soluzione dei "due Stati". La sollevazione va dunque vista come un atto di resistenza nell'ambito della più ampia lotta palestinese per l'indipendenza, contro l'occupazione, lo sfollamento, la marginalizzazione economica: non hanno cioè sfidato solo l'occupazione in modo diretto, ma anche l'Autorità nazionale e il suo discorso».

«Il secondo elemento che emerge è il parziale fallimento della frammentazione geografica imposta da Israele attraverso l'utilizzo dei social media e ai network che si sono creati sul web – continua Arafeh – e infine, il terzo elemento è il tentativo della base di riprendere in mano la politica, da anni relegata nelle stanze del potere. La politica ha riguadagnato, seppur temporaneamente, il suo valore di attività quotidiana possibile per chiunque, in particolare per i marginalizzati, ovvero i giovani. La resistenza, dunque, preme per tornare ad essere partecipata sotto forme diverse, come resistenza economica, resistenza politica, resistenza legale, resistenza culturale e artistica».

Ma alla spinta dei giovani la società non ha risposto. Il popolo palestinese è rimasto a guardare, preoccupato che una nuova

12   Intervista rilasciata nel novembre 2016.

vera rivolta potesse riattivarsi, trascinandolo dentro anni di stallo e dolore. I partiti politici hanno abdicato al loro ruolo, mostrandosi solo con comunicati di rivendicazione o con le bandiere ai funerali delle giovani vittime. Nessuna Intifada è scoppiata e in bocca è rimasto il sapore amaro di vite sprecate, mosse dalla disperazione più che da una strategia politica e di lotta.

«La società palestinese non ha seguito i giovani in quella che è stata definita l'Intifada di Gerusalemme anche a causa di un cambio di prospettiva intervenuto dopo la seconda, una diversa percezione della resistenza. Capisco chi ha sacrificato molto in passato e oggi non vede vie d'uscita. Le azioni dei giovani sono state individuali e mosse dalla frustrazione: non ho nulla contro i ragazzi che hanno compiuto attacchi perché volevano sfidare l'oppressore, ma preferirei vederli vivi, investire su di loro per portare a un cambiamento reale», aggiunge Arafeh.

Nessuna Intifada, dunque, nell'assenza assordante di una leadership nazionale e di una strategia di lungo periodo, con obiettivi e strumenti definiti. A guidare le prime manifestazioni di giovani nel 2015, presto scomparse, era stata proprio la richiesta di un'organizzazione collettiva contro un'occupazione che è unica sebbene si presenti con facce diverse, politiche multiple che hanno diviso i palestinesi facendoli optare per lotte separate (la marginalizzazione e il trasferimento silenzioso a Gerusalemme, la discriminazione in '48, l'occupazione militare nei territori): «La debolezza principale è derivata dall'incapacità di trasformare la rabbia in una sollevazione strutturata e organizzata – continua Arafaeh –, perché ci si arrivi serve un rafforzamento dei partiti politici o la nascita di nuovi partiti, ma soprattutto serve partorire una strategia nazionale. Il problema è chiaramente l'insoddisfazione nei confronti dell'Anp perché non ha una visione comprensiva che guidi gli sforzi della base».

Non a caso la maggior parte degli attacchi e delle uccisioni si è verificata a Gerusalemme, divisa fisicamente dalla Cisgiordania, suo naturale sbocco commerciale, sociale e culturale, e sottoposta a politiche di sradicamento graduale della presenza palestinese. I giovani palestinesi che hanno tentato azioni individuali rispecchiano il livello di disperazione per le conseguenze quotidiane dell'occupazione ma anche per la disillusione sul ruolo positivo dell'Anp: il grave vacuum istituzionale e politico che affligge Gerusalemme est è a monte del grido di dolore dei giovani palestinesi, privati della propria identità oltre che della libertà.

Dall'altra parte c'è Israele che una strategia chiara in testa ce l'ha e la sviluppa su più livelli di repressione. Uno di questi è l'uso sistematico dell'educazione in un contesto di crisi identitaria. Di nuovo Gerusalemme ne è esempio lampante, con l'imposizione di curricula scolastici israeliani, da cui scompare la storia palestinese: «Il Comune di Gerusalemme e il Ministero dell'educazione hanno minacciato il taglio dei fondi alle scuole che non applicano il curriculum israeliano. Alcuni istituti sono stati costretti ad aderire per non chiudere, visto il gap di finanziamenti alle scuole palestinesi nella città santa. La nuova generazione non sarà in grado di pensare strategicamente senza educazione. In tal senso la demolizione di case, la confisca di terre, la revoca della residenza non sono che elementi accessori nel momento in cui si indebolisce la nuova generazione. È pericolosissimo: se occupi le menti, occupi la terra».

Capitolo quattro

Hamas e il controllo di Gaza

«Quanto tempo passerai a Gaza? Più di un giorno?... A quanto pare vai spesso a Gaza». L'agente nel gabbiotto della polizia israeliana al terminal di Erez osserva scrupolosamente i timbri sul passaporto. «C'è un visto giordano recente, perché sei andato ad Amman?», chiede accogliendo, con espressione poco convinta, la spiegazione che per un giornalista che lavora in Medio oriente è abituale andare nella Striscia di Gaza, in Giordania e in altri paesi della regione. E poi la Giordania ha relazioni diplomatiche con Israele, perché tutte quelle domande per un semplice viaggio ad Amman? Inutile chiedere spiegazioni. Nei quattrocento chilometri quadrati circa di Gaza si può entrare solo con il permesso delle forze armate dello Stato ebraico se si è diplomatici, operatori umanitari, membri delle agenzie dell'Onu e giornalisti accreditati presso le autorità israeliane. Un turista non può visitare la Striscia e lo stesso vale per i cittadini israeliani, i residenti stranieri nello Stato ebraico e i palestinesi della Cisgiordania e di Gerusalemme est, a meno che non abbiano ottenuto l'autorizzazione dei militari di solito concessa con il contagocce. Uscire da Gaza per gli stranieri che vi sono entrati non è difficile, anzi sono tenuti a rientrare da Erez: si entra e si esce per lo stesso valico. È vietato, ad esempio, l'ingresso da Erez e l'uscita da Rafah, verso l'Egitto. Invece per i palestinesi lasciare la Striscia è un'impresa il più delle volte impossibile. Le restrizioni, che Israele spiega con ragioni di sicurezza, sono innumerevoli. Al valico di Erez transitano i "casi umanitari", qualche commerciante e uomini d'affari – a Natale e Pasqua si aggiungono alcune centinaia di palestinesi cristiani – in possesso, naturalmente, di un permesso richiesto e ottenuto con largo anticipo. Chiunque abbia meno di cinquant'anni sa che difficilmente avrà il permesso per superare Erez, i più penalizzati sono i giovani. Per un palestinese di Gaza è più facile andare in Europa o negli Usa che visitare Gerusalemme che dista appena novanta chilometri dalla Striscia. Dall'altra parte di questo fazzoletto di terra palestinese c'è un altro valico, quello di Rafah con il Sinai. Da lì le autorità egiziane, dall'estate 2013, lasciano passare, occasionalmente, un numero ristretto di palestinesi. Da quattro anni uno straniero può accedere a Gaza soltanto attraverso Erez.

Terminati i controlli e dopo aver percorso oltre un chilometro a piedi nella "terra di nessuno" (in realtà è già Gaza) all'interno in un lungo tunnel ingabbiato dal quale non si può uscire, si arriva al posto di controllo noto come "khamsa-khamsa" gestito da uomini dell'Autorità nazionale palestinese (Anp) che rispondono alle direttive di Ramallah e dialogano con le autorità israeliane. Lì un'umanità varia attende, talvolta per ore, l'autorizzazione per andare al terminal di Erez: malati gravi su sedie a rotelle, commercianti e businessman incollati al telefono cellulare, donne stanche appoggiate a pesanti valigie, bambini che non vedono l'ora di cominciare un viaggio che immaginano pieno di sorprese e cose da vedere. «Giornalista? Entri a Gaza o stai uscendo?», ripete come un automa un impiegato dell'Anp dalla finestra di un container trasformato in un ufficio. Alle sue spalle, sulla parete, campeggia la foto incorniciata del presidente palestinese Mahmoud Abbas (Abu Mazen) assieme al suo predecessore Yasser Arafat. Accanto c'è un'altra foto, con la moschea dalla cupola dorata di Gerusalemme. Superata questa seconda tappa, con tre shekel (settanta centesimi di euro), un taxi di colore giallo ci porta a un altro posto di controllo, chiamato "aarba-aarba", quello del "governo di Gaza", ossia del movimento islamico Hamas. «Passaporto e permesso!», intima il poliziotto al controllo dei documenti incaricato di verificare che il "visto" d'ingresso sia valido e che ad attenderci ci sia il nostro "sponsor". Ai giornalisti stranieri le autorità di Hamas consentono l'ingresso solo se hanno ottenuto in anticipo, prima del loro arrivo ad "aarba-aarba", l'autorizzazione del Ministero dell'interno a Gaza. A richiederla per conto dei reporter sono delle "agenzia di stampa" locali, registrate al Ministero dell'informazione.

La trafila è finita, manca solo l'ispezione del bagaglio – ufficialmente per motivi di sicurezza in realtà è effettuata per impedire che gli stranieri possano portarsi dietro degli alcolici – e si può proseguire il nostro viaggio. Ci avviamo verso il capoluogo Gaza City, dopo aver impiegato un'ora per superare i controlli effettuati da tre autorità in tre punti diversi. Nei tre, quattro chilometri che includono il terminal israeliano di Erez e i posti di controllo di "khamsa-khamsa" e "aarba-aarba", ci si rende conto del dramma che vive da troppi anni questo martoriato pezzetto di territorio palestinese divenuto una enorme prigione a cielo aperto e contro il quale Israele ha lanciato in meno di dieci anni tre ampie operazioni militari, che hanno fatto distruzioni immense e migliaia di morti e feriti. In quei pochi chilometri appare evidente anche la devastante crisi politica che lacera i palestinesi. Sia a Gaza che in Cisgiordania si amministra in nome dell'Autorità nazionale palestinese nata nel 1994, invece i due territori sono controllati da governi rivali. Hamas e Fatah nel giugno 2007 si sono affrontati nelle strade di Gaza armi in pugno facendo centinaia di vittime. Ha vinto il movimento islamico che da allora è al potere nella Striscia. Le due parti, tra periodici annunci di accordi di riconciliazione, continuano a colpirsi. Il danno è solo per la popolazione palestinese.

Gaza non Hamastan

Hamas è popolare anche in Cisgiordania ma è costume parlare di Gaza come di "Hamastan" per farla apparire come la terra di Hamas e avvalorare la narrazione israeliana di una

Striscia organizzata come un enorme campo di addestramento per "terroristi", quindi da tenere sotto chiave e circondata da terra, mare e cielo.

Gaza non è "Hamastan". È una terra infelice, da anni sotto embargo, in cui entra ed esce solo ciò che vogliono Israele ed Egitto e dove gran parte della popolazione tenta di condurre un'esistenza normale tra grandi problemi: le distruzioni causate dai conflitti con Israele, la disoccupazione ai livelli più alti nel mondo, la povertà dilagante, i servizi pubblici inesistenti, la sanità malandata e la scarsità di risorse fondamentali, a cominciare dall'acqua potabile per finire all'elettricità erogata solo per poche ore al giorno. Se si affronta l'aspetto politico, più che fortezza di Hamas è giusto descriverla come storica roccaforte dell'islamismo figlio della Società dei Fratelli musulmani (Fm, Jamaat al-Ikhwan al-Muslimun) fondata nel 1928 a Ismailiyya, in Egitto, da Hassan al-Banna.

Le radici del movimento di resistenza islamico Hamas (un acronimo di Harakat al-Muqawama al-Islamiyya, che in arabo sta per "zelo") affondano nell'attivismo dei Fratelli musulmani a Gaza, cominciato nel 1945. La nascita di Hamas, fissata tra il 10 e 14 dicembre 1987 con l'uscita del suo primo comunicato, prima a Gaza e poi in Cisgiordania, all'inizio della prima Intifada, è la rappresentazione politica più compiuta di un islam politico che però era già attivo e in ascesa tra i palestinesi. «L'islamismo di Hamas – scrive lo studioso Khaled Hroub – è la manifestazione del fenomeno della crescita dei movimenti islamici nel mondo arabo e islamico sin dagli anni Settanta. Da questo punto di vista è come "l'essere di sinistra" di molte organizzazioni della resistenza palestinese negli anni Sessanta e Settanta, che rifletteva le tendenze ideologiche internazionali che attraversavano il Medio oriente. Così i movimenti nazionalisti palestinesi nel ventesimo secolo possono essere visti da due differenti angoli: il primo come resistenza all'occupazione... il secondo come una manifestazione delle ideologie dominanti nella regione mediorientale a quel tempo... che sono messe al servizio del "progetto della resistenza" stabilendo un legame dialettico tra resistenza e cambiamento sociale».[1] Questo vale anche per Hamas, alla luce della sua strategia di islamizzazione della società palestinese alternativa a quella di trasformazione sociale ed economica che la sinistra palestinese, più di Fatah, ha per lungo tempo abbinato (molto meno in anni recenti) al nazionalismo necessario per arrivare alla liberazione dell'occupazione militare israeliana.

L'azione per "riportare all'islam" i musulmani attratti dal laicismo e dal socialismo o distratti dal consumismo e dal progresso tecnologico, è il tratto distintivo della politica di Hamas nella società palestinese, in linea con i principi dei Fratelli musulmani. Il suo successo non è dovuto soltanto, come si tende a credere negli ultimi anni, all'intervento politico o alle capacità militari degli islamisti contrapposto alla "moderazione" di Fatah e dell'Anp. La crescita costante di Hamas, scrive correttamente l'esperta di Gaza, Sara Roy, va letta soprattutto all'interno delle precarie condizioni economiche e sociali di Gaza. «Nonostante la sproporzionata attenzione che è data all'ascesa politica e militante dell'islam tra i palestinesi, la forza del movimento islamico nella Striscia di Gaza non risiede nel lavoro delle istituzioni politiche e militari bensì in quello delle loro controparti sociali ed economiche... l'assistenza sociale islamica e il lavoro per lo sviluppo nella comunità ha assunto un nuovo significato nel periodo post-Oslo».[2] Sul peso nel successo di Hamas e di altri gruppi islamisti dell'assistenza sociale abbinato alla militanza politica, il professor John Esposito, studioso di movimenti religiosi radicali, spiegava qualche anno fa che «senza dubbio sta avvenendo una rivoluzione islamica. Tuttavia la rivoluzione più importante e pervasiva non è quella delle bombe e degli ostaggi bensì quella degli ambulatori medici e delle scuole. È dominata dagli attivisti sociali... dai predicatori piuttosto che dai combattenti...».[3]

1   K. Hroub, *Hamas. Political Thought and Practice*, Institute for Palestine Studies, Washington 2000, p. 6.

2   S. Roy, *Failing Peace. Gaza and the Palestinian-Israeli Conflict*, Pluto Press, Londra 2007, p. 161.

3   J. L. Esposito, *islam the straight path*, Oxford University Press, Oxford 1991, p. 218.

La genesi

L'importanza della Palestina per i Fratelli musulmani era già evidente negli anni Trenta, ben prima dell'apertura nel 1946 della loro sede ufficiale a Gerusalemme. La fondazione di Israele nel 1948 però ebbe un forte impatto sulla struttura dei Fratelli in Palestina. A causa della frammentazione del territorio, quelli in Cisgiordania decisero di unirsi al ramo giordano dell'organizzazione e svolsero fino al 1967 il duplice compito di oppositori più o meno riconosciuti della monarchia hashemita e di avversari del nazionalismo arabo e del socialismo nasserista. A Gaza le cose andarono diversamente. La Striscia non fu annessa all'Egitto e i leader locali dei Fratelli musulmani optarono per la creazione di una struttura separata. Dal punto di vista militare le differenze tra i Fratelli musulmani in Cisgiordania e a Gaza in quegli anni furono evidenti. Ai primi la Giordania legò le mani vietando, con la minaccia dell'uso del pugno di ferro, di lanciare attacchi contro Israele. I secondi ebbero più libertà e già negli anni Cinquanta diedero vita a due formazioni armate: Shabab al-Tha'r e Katibat al-Haq. Lo status a Gaza dei Fratelli musulmani fu in seguito eroso dalla grande euforia che avvolse il piccolo territorio palestinese, come gran parte del mondo arabo, per le iniziative del presidente egiziano Gamal Abdel Nasser e la diffusione del nasserismo.

A metà degli anni Sessanta si manifestarono le prime differenze tra gli islamisti e Fatah, in piena crescita tra i palestinesi, che portarono i Fratelli musulmani di Gaza a non partecipare alla fondazione dell'Olp nel 1964. Secondo Khaled Hroub quella decisione aprì una frattura storica e decisiva tra islamisti e nazionalisti palestinesi, destinata ad approfondirsi nel corso dei decenni e degli anni successivi.[4] Gli islamisti preferirono concentrarsi sulla creazione di una "generazione della liberazione" e nell'insegnamento della religione e dei suoi principi.

---

4   K. Hroub, *op. cit.*, p. 27.

4. Hamas e il controllo di Gaza

La guerra del 1967 non alterò questa determinazione, al contrario la rafforzò. «Con la sconfitta di Nasser e la perdita di altri territori [arabi] – sostiene Sara Roy – i Fratelli a Gaza restarono convinti che la perdita della Palestina non fosse altro che una punizione di Dio per aver abbandonato l'islam, per questo sottolineavano la centralità della preparazione religiosa nello scontro con il sionismo».[5] I militanti islamici, tranne alcune eccezioni, rimasero nelle moschee a pregare e a insegnare, tenendosi a distanza dalla sempre più massiccia partecipazione alla resistenza, anche armata, portata avanti da Fatah, dal Fplp e dalle altre formazioni nazionaliste o socialiste palestinesi. Fu un errore che mise per quasi trent'anni le chiavi della lotta per la liberazione nelle mani dell'Olp, riconosciuta come unica rappresentante del popolo palestinese.

La brutale operazione militare condotta da Ariel Sharon a Gaza nel 1971 schiantò, almeno per qualche tempo, la resistenza armata delle varie componenti dell'Olp e, di fatto, diede una mano alla linea del passo indietro adottata dai Fratelli musulmani. Quel periodo vede di pari passo al declino del nasserismo l'ingresso prepotente sulla scena mediorientale delle monarchie del Golfo con miliardi di petrodollari. Grazie anche a finanziamenti che arrivavano da re e principi arabi, tra il 1967 e il 1975 i Fratelli musulmani avviarono un ampio programma di costruzione di moschee. In quel periodo a Gaza il numero delle moschee passò da duecento a seicento, in Cisgiordania da quattrocento a settecentocinquanta.[6] Più di tutto i Fratelli musulmani godettero sotto l'occupazione israeliana di quella libertà di movimento che non avevano mai avuto sotto Nasser, nemico dichiarato dell'islam politico. Israele lasciava fare, nella speranza che la crescita dell'islamismo riuscisse a limitare quella dei nazionalisti dell'Olp.

5   S. Roy, *Hamas and Civil Society in Gaza. Engaging the Islamist Social Sector*, Princeton Uniuversity Press, Princeton 2011, p. 22.

6   Z. Abu-Amr, *Islamic fundamentalism in West Bank and Gaza. Muslim Brotherhood and Islamic Jihad*, Indiana University Press, Bloomington 1994, p. 15.

Questo approccio si fece ancora più evidente dopo il 1977, in seguito alla salita al potere in Israele della destra contraria, ieri come oggi, per ragioni politiche, religiose e ideologiche, alla costituzione di uno Stato palestinese indipendente, in quella che considera la biblica terra donata da Dio al popolo ebraico. Nel 1986 il generale Yitzhak Segev, governatore israeliano di Gaza, dichiarava: «Abbiamo trasferito sostegni finanziari ai gruppi islamici, per le moschee e le scuole religiose, al fine di aiutare la creazione di una forza schierata contro quelle di sinistra che appoggiano l'Olp».[7]

L'apertura delle autorità israeliane agli islamisti, parallela alla lotta senza quartiere che conducevano contro i nazionalisti palestinesi, è ammessa qualche anno dopo da due noti giornalisti israeliani, Zeev Schiff ed Ehud Yaari. «L'amministrazione civile israeliana – scrivono – ha contribuito considerevolmente allo sviluppo dei gruppi musulmani che apparvero poco dopo l'inizio dell'Intifada. Proprio come il presidente [egiziano] Sadat incoraggiò lo sviluppo delle associazioni islamiche per contrastare gli attivisti di sinistra in Egitto, diversi ufficiali israeliani credevano che la crescita del fondamentalismo a Gaza poteva essere sfruttata per indebolire il potere dell'Olp. Il destino di Sadat fu quello di morire per mani degli stessi zeloti ai quali aveva consentito di fiorire. Il risultato a Gaza fu simile: il movimento islamico si sarebbe rivoltato contro quelle persone che si consideravano tanto intelligenti per averlo favorito. La credenza che fosse possibile restringere il revival islamico su linee conservative e apolitiche fu un errore sin dall'inizio».[8]

Qualcuno all'interno della Fratellanza intuì, già prima ancora di fondare Hamas, che era terminato il tempo solo della tarbiyeh (istruzione) e daawah (predicazione) e che l'islamismo politico avrebbe dovuto essere presente anche nella lotta,

---

7   Graham Usher, *Dispatches from Palestine: the rise and fall of the Oslo Peace Process*, Pluto Press, Londra 1999, p. 19. Le dichiarazioni di Segev sono citate anche da Z. Abu-Amr, *op. cit.*, p. 35.

8   Z. Schiff, E. Ya'ari, *op. cit.*, p. 223.

persino armata, contro Israele. Fu lo sceicco Ahmed Yassin. Nato nel 1937, devoto musulmano sin da ragazzo, impegnato da sempre nel sociale e nell'insegnamento della fede islamica, Yassin aderì al movimento dei Fratelli musulmani durante il periodo di studi all'Università al-Azhar del Cairo. Nonostante la tetraplegia che ne limitava i movimenti e gli spostamenti (era costretto su una sedia a rotelle a causa di un incidente riportato da adolescente), Yassin negli anni Settanta occupò stabilmente un posto nell'ufficio politico dei Fratelli musulmani e divenne il punto di riferimento spirituale degli islamisti di Gaza. Nella sua abitazione di Zeitun, alla periferia di Gaza City, sono passate ogni giorno – fino a quello della sua uccisione compiuta da Israele con un raid aereo il 22 marzo del 2004 – decine di persone, palestinesi e straniere, benestanti e povere, potenti e indifese, per chiedere pareri e aiuti. Yassin era dotato di un carisma fuori dal comune, per certi versi inspiegabile tenendo conto anche della sua voce flebile che lo limitava nell'arte oratoria. Eppure prese saldamente in mano il volante dei Fratelli musulmani di Gaza portandoli ad essere, a partire dal 1980 in poi, un movimento sempre più militante e ben organizzato. Lo spinsero all'azione due cose: l'allontanamento dell'Olp dal Libano dopo l'invasione israeliana che per qualche tempo indebolì Arafat, Fatah e le altre formazioni della resistenza, e la nascita del Jidah Islami da una scissione dai Fratelli musulmani. Yassin comprese che quello era il momento giusto per guadagnare ulteriori consensi tra la gente di Gaza e Cisgiordania e che l'accusa spesso rivolta ai Fratelli musulmani di restare inerti di fronte all'occupazione era fondata e avrebbe danneggiato seriamente il movimento. Quindi, assieme agli altri leader dei Fratelli musulmani, passò all'azione puntando sulla "generazione della liberazione", i giovani.

Centrali per la mobilitazione divennero le università, in particolare quella islamica di Gaza City. La giornalista e storica Paola Caridi scrive che «l'inizio degli anni Ottanta vede negli atenei palestinesi l'ingresso in grande stile di un nuovo attore nella politica studentesca: l'islam politico. Nonostante i tentativi da parte delle fazioni nazionaliste e di sinistra di formare un fronte comune per sconfiggere quelli che venivano definiti gli "emiri", le liste legate ai Fratelli musulmani guadagnano consensi ben prima che Hamas venga fondata e tra il 1979 e il 1981 controllano gran parte dei dieci istituti di formazione superiore in Cisgiordania e Gaza... Il confronto tra le diverse anime politiche nell'università si trasforma ben presto in uno scontro politico a più alti livelli, che usa gli atenei semmai come arena. Gli scontri che ebbero luogo all'Università al-Najah a Nablus nel 1981, al Politecnico di Hebron nel 1982, nell'Università islamica di Gaza City nel giugno del 1983, dove si sarebbero contati alla fine oltre duecento feriti, e nello stesso anno anche a Ramallah, a Bir Zeit, sono la cartina di tornasole del conflitto montante tra le fazioni aderenti all'Organizzazione per la liberazione della Palestina e il Fronte islamico, che dell'Olp non fa parte. Con il passare del tempo, il conflitto si sarebbe condensato in un duello tra Fatah e gli islamisti, con le fazioni di sinistra che avrebbero assunto un atteggiamento di volta in volta diverso nei confronti dei rivali».[9]

Sotto la direzione politica e spirituale di Yassin e dei suoi principali collaboratori, in particolare il farmacista Ibrahim al-Yazouri, i Fratelli musulmani presero la strada della militanza più rigorosa. Nel 1984 lo sceicco tetraplegico fu arrestato perché nella sua abitazione furono trovati sessanta fucili. In carcere però sarebbe rimasto solo pochi mesi. Sarà liberato nel 1985 grazie allo scambio di prigionieri tra Israele e il Fronte popolare-comando generale di Ahmed Jibril. Il carcere non farà altro che accrescere la sua popolarità a Gaza. Nei due anni successivi Yassin insisterà su tre punti: la formazione di militanti e simpatizzanti dei Fratelli musulmani; la resistenza passiva intesa come partecipazione islamica a scioperi e manifestazioni popolari; le operazioni militari. Quest'ultimo aspetto sarà

---

9   P. Caridi, *Hamas. Che cos'è e cosa vuole il movimento radicale palestinese*, Feltrinelli, Milano 2009, pp. 46-47. Questo testo è il più completo e obiettivo, pubblicato in lingua italiana, sul movimento islamico palestinese.

rivolto a colpire l'occupazione israeliana e, allo stesso tempo, a contenere la popolarità dei rivali del Jihad Islami dovuta a una serie di audaci operazioni armate contro Israele. Le basi della creazione di Hamas erano ormai poste.

L'Intifada e la nascita ufficiale di Hamas

La sera del 9 dicembre 1987 l'ufficio politico dei Fratelli musulmani si riunì a Gaza City per valutare il significato e l'ampiezza delle proteste contro l'occupazione israeliana che dalla Striscia si erano propagate, in poche ore, alla Cisgiordania e a Gerusalemme est. Oltre ad Ahmed Yassin erano presenti Abdel Aziz al-Rantisi, Salah Shahadeh, Mohammed Shama'a, Issa al-Nashshar, Abdel Fatah Dukhan, Mahmoud Zahar e Ibrahim al-Yazouri. Come i leader dell'Olp a Tunisi, anche loro non riuscivano comprendere se quelle manifestazioni popolari fossero un fuoco destinato a spegnersi in pochi giorni o a incendiare la Palestina. Sapevano però che il movimento islamico doveva assolutamente prendere parte attiva all'Intifada delle pietre, così come si accingevano a fare Yasser Arafat alla testa di Fatah e i leader delle altre formazioni dell'Olp. Era il momento che Yassin aspettava da anni, convinto che all'assistenza sociale e all'islamizzazione i Fm dovessero abbinare un forte impegno politico e militare contro Israele alternativo alla resistenza laica e di sinistra, unico percorso possibile per "liberare tutta la Palestina" e strappare all'Olp il consenso della maggioranza dei palestinesi. Quella sera nacque il Movimento di resistenza islamico Hamas (Harakat al-Muqawama al-Islamiyya), il primo gruppo islamista ufficialmente fondato in Palestina. L'annuncio fu dato con un volantino distribuito a Gaza l'11 e il 12 dicembre e in Cisgiordania due giorni dopo. Nelle settimane successive videro la luce varie strutture volte ad adeguare Hamas alla realtà della rivolta popolare. Fu riorganizzata la Majd (Gloria), la cellula "armata" esistente già da quattro anni, e che sotto il comando di Yahya Sinwar[10] avrebbe avuto, tra le altre cose, il compito di punire i collaborazionisti di Israele. L'ala militare sarebbe diventata sempre più importante nel corso degli anni. Le Brigate Ezzedin al-Qassam, braccio armato figlio della Majd, oggi sono un piccolo e ben organizzato esercito, dotato di razzi a medio raggio, che svolge un ruolo centrale in Hamas al punto da avere un potere di veto sulle decisioni della leadership politica del movimento.

Il predominio dei militari rispecchia solo in parte la visione di Yassin. Se da un lato il fondatore del movimento aveva spinto per la militarizzazione del movimento islamico, dall'altro era convinto che ciò non dovesse avvenire a spese della politica e della possibilità di cooperare, se possibile, con i rivali dell'Olp contro l'occupazione israeliana. Yassin era consapevole che la complessità della situazione palestinese richiedeva una buona dose di pragmatismo e capacità di adattamento. Ciò appare evidente nello statuto di Hamas del 1988, in cui alle citazioni del Corano, agli appelli alla islamizzazione della società palestinese e alla lotta contro il "progetto coloniale sionista", si alternano toni concilianti nei confronti dell'organizzazione palestinese rivale.[11]

Le reazioni alla nascita di Hamas furono diverse. Nelle strade di Gaza, o almeno nei settori della popolazione che da tempo invocavano un ritorno a uno stile di vita più conservatore e alla creazione di una organizzazione islamica più militante, la notizia fu accolta con favore. Fatah al contrario guardò ad Hamas con grande sospetto e per lungo tempo ne parlò come di un gruppo messo in piedi dai servizi segreti israeliani allo scopo di dividere i palestinesi. Questa tesi fu sconfessata nel 1989 dall'arresto di Ahmed Yassin e di altri dirigenti di

---

10   Yahya Sinwar, liberato da Israele nel 2011 nello scambio tra il soldato Gilad Shalit (catturato nel 2006 da un commando palestinese) e un migliaio di prigionieri politici palestinesi, all'inizio del 2016 è stato nominato capo di Hamas nella Striscia di Gaza.

11   Una traduzione in lingua italiana dello statuto di Hamas è disponibile in Massimo Introvigne, *Hamas. Fondamentalismo islamico e terrorismo suicida in Palestina*, Elledici, Torino 2003, pp. 85-124.

Hamas, in seguito al sequestro e all'uccisione di un paio di soldati israeliani. «A Gaza, nonostante i sospetti sollevati da Fatah, sapevano che Hamas non era una creatura di Israele – ricorda il giornalista Safwat Kahlout –, d'altronde negava questa tesi il fatto che leadership del movimento fosse affidata allo sceicco Yassin, molto stimato e che da anni predicava contro l'occupazione e il sionismo. L'arresto di Yassin provò una volta per tutte che Hamas era un nemico e non un alleato di Israele come affermavano i suoi detrattori, e contribuì ad accrescere il prestigio di Yassin e degli altri dirigenti islamisti».[12]

Conferenze e accordi di pace

Nella fase che va dall'inizio dell'Intifada alla conferenza di Madrid del 1991, Hamas rafforza la sua struttura a Gaza, in Cisgiordania e anche a Gerusalemme est, senza cercare lo scontro con Fatah e le altre forze dell'Olp. Yassin non rinuncia alla possibilità di dialogare con le altre formazioni palestinesi. Il cambiamento avviene nel 1990 quando Hamas, al contrario dell'Olp, si schiera contro Saddam Hussein che aveva occupato il Kuwait e sposa le ragioni delle ricche petromonarchie che riempiono le sue casse con donazioni agli istituti di carità e alle moschee di Gaza. Quindi arriva la convocazione, voluta dall'amministrazione Usa, della conferenza di pace a Madrid nel 1991 che evidenzia le profonde divergenze ideologiche tra Hamas e Olp. Yassin, sempre in prigione, e gli altri dirigenti del movimento considerano i negoziati inutili e un tradimento del principio della liberazione di tutta la Palestina. Le differenze tra le due parti si fanno ancora più acute nel 1993, con gli accordi di Oslo e la firma della dichiarazione di principi tra Israele e Olp, seguita l'anno successivo dalla nascita dell'Autorità nazionale palestinese (Anp). I dirigenti di Hamas, molti dei quali il 17 dicembre del 1992 erano

12   Intervista rilasciata il 25 febbraio 2017.

stati deportati da Israele a Marj al-Zuhur, nel Libano del sud (sarebbero rientrati solo nell'autunno 1993), si convinsero che nessuna intesa sarebbe stata possibile con l'Olp visto che aveva riconosciuto l'esistenza dello Stato ebraico e accettato come soluzione del conflitto la creazione di uno Stato palestinese accanto a Israele, solo nei territori occupati nel 1967.[13]

L'utilizzo dei kamikaze è la strada che Hamas sceglie per provare a far deragliare gli accordi di Oslo, uniti alla cattura di soldati israeliani da scambiare con detenuti palestinesi. L'obiettivo è duplice: riaffermare tra i palestinesi la legittimità della lotta armata, anche contro obiettivi non militari in risposta alle migliaia di morti, in gran parte civili, fatti da Israele durante le rivolte contro l'occupazione, e spingere l'opinione pubblica israeliana a schierarsi contro le intese raggiunte dai loro governi con l'Olp. Le bombe-umane colpiscono in Israele, in Cisgiordania e a Gaza obiettivi inizialmente militari, poi anche civili facendo molti morti. Attacchi suicidi che si faranno molto più intensi durante la seconda Intifada.[14] La liberazione di Ahmed Yassin, avvenuta nel 1997 in seguito all'affaire Meshaal[15] porta un temporaneo e lieve miglioramento nelle relazioni tra palestinesi e una diminuzione degli attacchi armati. Il sereno però dura poco perché l'Anp, condizionata dagli accordi di cooperazione di sicurezza con Israele, esegue campagne di arresti contro gli attivisti islamici in Cisgiordania e a Gaza.

13 Hamas non esclude categoricamente la nascita di uno Stato palestinese in Cisgiordania e Gaza ma la contempla come una soluzione transitoria verso la "liberazione" di tutta la Palestina. Allo stesso tempo ripete che non riconoscerà mai il diritto di Israele a esistere.

14 Secondo fonti israeliane Hamas avrebbe compiuto circa il 40% delle molte decine di attentati-suicidi con cinture esplosive compiuti tra il 1993 e il 2008, anno in cui sono cessati, alle fermate degli autobus, sui mezzi di trasporto pubblici, ristoranti, locali di divertimento, facendo quasi seicento morti tra soldati e civili israeliani. Molte altre decine di israeliani sono rimasti uccisi in azioni-kamikaze rivendicate o attribuite al Jihad islami, ai martiri di al-Aqsa (Fatah) e, in misura molto minore, al Fplp.

15 Quell'anno il Mossad israeliano tentò di assassinare nelle strade di Amman, in Giordania, il capo dell'ufficio politico di Hamas, Khaled Meshaal. Non ci riuscì e due dei suoi agenti furono arrestati e imprigionati. Re Hussein in cambio della loro scarcerazione pretese e ottenne la scarcerazione di Ahmed Yassin da parte di Israele.

Dalla seconda Intifada alla conquista di Gaza

La grande occasione per Hamas arriva nel settembre 2000 con l'inizio della seconda Intifada palestinese che segna il definitivo fallimento della pace di Oslo. La nuova rivolta è contro Israele ma la popolazione dei territori occupati in buona parte è schierata anche contro l'Anp ritenuta una fonte di corruzione, quindi non in grado di portare i palestinesi all'indipendenza. I colpi che Israele infligge alle strutture di sicurezza dell'Anp e il confino e l'isolamento in cui tiene Yasser Arafat, avvantaggiano Hamas, almeno in una prima fase. Poi sarà guerra aperta tra lo Stato ebraico e gli islamisti. Gli omicidi mirati con cui Israele elimina buona parte dei vertici politici e militari di Hamas a Gaza e in Cisgiordania – Ahmed Yassin, Abdel Aziz al-Rantisi, Salah Shahadeh, Mahmoud Abu Hanoud e Ismail Abu Shanab, solo per citare i più noti – scalfiscono appena la struttura del movimento che dimostra una capacità di tenuta e rigenerazione oltre ogni previsione. I tempi però stanno cambiando.

Quanto abbiano influito l'impossibilità di prevalere sulle forze armate israeliane, tra le più potenti al mondo, e le pressioni esterne non è facile valutarlo. Fatto sta che l'attenuarsi della seconda Intifada, la morte di Arafat nel 2004 e l'elezione a presidente palestinese di Mahmoud Abbas (Abu Mazen) aprono un intenso dibattito nel movimento islamico. L'obiettivo, dicono i suoi dirigenti, deve essere ora la conquista dell'Anp, non attraverso un atto di forza ma seguendo la strada della partecipazione alla vita politica. In quel periodo migliorano, almeno in apparenza, i rapporti con Fatah. Senza rinunciare all'idea della lotta armata, all'alleanza con il movimento sciita libanese Hezbollah e all'aiuto dell'Iran, il suo più importante finanziatore e sostenitore, Hamas valuta con attenzione l'idea di partecipare al processo politico cominciato dieci anni prima con gli accordi di Oslo e che aveva sino a quel punto boicottato con ostinazione. Il 17 marzo 2005 con la dichiarazione del Cairo le fazioni palestinesi approvano una *hudna* (tregua) della durata di un anno. Qualche mese dopo, d'estate, il premier israeliano

Sharon procede all'evacuazione di coloni e soldati da Gaza lasciando agli islamisti il controllo del piccolo territorio palestinese, anche se formalmente è stato consegnato ad Abu Mazen. Hamas accetta che la frontiera tra Gaza e l'Egitto, al transito di Rafah, sia gestita sulla base di un accordo internazionale che non esclude Israele. Infine prende la decisione di partecipare prima alle elezioni amministrative nell'autunno del 2005 e poi a quelle legislative dell'Anp, fissate dopo un rinvio di sei mesi al gennaio 2006.

Mentre Fatah non si rafforza agli occhi dell'opinione pubblica palestinese ed è dilaniato da conflitti interni e giochi di potere, Hamas prepara con cura il voto: annuncia la lista Riforma e cambiamento e un programma elettorale molto articolato. Si tratta del più importante documento diffuso dal movimento islamico dopo lo statuto annunciato nel 1988. «Il preambolo, i diciotto punti, le brevi conclusioni del programma elettorale svelano un cambiamento importante. Hamas ha scelto con la partecipazione al voto, di limitarsi dal punto di vista geografico, di diventare – in un certo senso – ancora più e soltanto palestinese di quanto sia già... Il programma elettorale è in tutto e per tutto un programma di governo, dettagliato, minuzioso, per nulla vago nel definire le politiche sociali, educative, sanitarie, giovanili... Il fronte militare, il confronto armato con Israele, rimangono sullo sfondo, come semplice accenno alla necessità che la "resistenza" non debba essere sciolta: per il resto al confronto armato non viene dato nessuno spazio nel programma, che si qualifica come un documento civile che demanda nei fatti la "resistenza" alla sola ala militare e, più in generale, alle fazioni armate».[16] Hamas ha scelto la strada della politica, della "democrazia", ha deciso di mettere nel congelatore la lotta armata ma il mondo non se ne avvede o minimizza. Quel prevalere della politica sulle armi ha un enorme significato, potrebbe cambiare il volto del conflitto israelo-palestinese, eppure le diplomazie occidentali non leggono quanto accade

16 P. Caridi, *op. cit.*, p. 162.

e restano ferme sulle posizioni di "nessun dialogo con i terroristi" dettate da Israele. Da molto più lontano se ne accorge al Qaeda e attraverso la voce di Ayman al-Zawahri condanna con forza quella svolta, a conferma di quanto fosse importante all'interno dell'islam militante il passo compiuto da Hamas.

Così quando il 25 gennaio del 2006 oltre un milione di palestinesi, il 77% degli aventi diritto, si reca al voto, pochi hanno la consapevolezza che nel segreto dell'urna quegli elettori daranno "a sorpresa" una vittoria schiacciante alla lista Riforma e cambiamento, smentendo clamorosamente giornalisti, sondaggisti ed esperti. I candidati di Hamas conquistano settantaquattri seggi del Consiglio legislativo palestinese. Quelli di Fatah quarantacinque. È uno tsunami che travolge le aspettative di chi sta all'estero. Nei territori occupati invece la vittoria della lista islamica si avvertiva da tempo anche se Fatah ostentava sicurezza. Il fallimento di Oslo, sprechi e corruzione andati avanti per anni, la mancanza di un orizzonte politico, i morti e le distruzioni provocati della reazione israeliana all'Intifada, avevano condannato il partito di Abu Mazen alla sconfitta. D'altronde le elezioni amministrative che si erano tenute prima delle legislative avevano indicato che gli islamisti erano in forte crescita. Pochi credevano che i palestinesi avrebbero mandato a casa Fatah. Alla fine avranno ragione loro. L'entusiasmo in Hamas è grande e non poche volte si trasforma in arroganza nei confronti dei rivali battuti. La sua leadership crede di avere la situazione in pugno, si sente forte ed è pronta a governare ma non ha fatto i conti con la "comunità internazionale", Israele e chi in Fatah ha deciso di rendere la vita difficile agli islamisti.

Hamas forma il suo esecutivo e nomina un primo ministro, Ismail Haniyeh, che nelle settimane seguenti al voto lancia segnali concilianti all'esterno. Ad Haniyeh però non sarà consentito di governare e di portare a buon fine il percorso più pragmatico mai compiuto dal suo movimento. Tutto si è svolto nel rispetto della trasparenza e delle regole democratiche ma l'Occidente e Israele non accettano il risultato della democrazia e rifiutano la scelta fatta dai palestinesi. Il governo israeliano annuncia misure di ritorsione immediate. Blocca i fondi palestinesi, cinquanta milioni di dollari al mese frutto di tasse e dazi doganali che Israele raccoglie per conto dell'Anp, e attua pesanti misure repressive arrestando un gran numero di deputati eletti nella lista islamista in Cisgiordania. La stessa sorte subiscono diversi sindaci. Europa e Stati Uniti annunciano che non potranno dare fondi a un governo che non accetta il processo di pace e, assieme alla Russia e all'Onu con le quali formano il Quartetto per il Medio oriente, pongono una sorta di ultimatum all'esecutivo palestinese: deve riconoscere l'esistenza di Israele, accettare Oslo e gli accordi già firmati e rinunciare alla lotta armata. Così facendo non fanno altro che indebolire l'ala politica del movimento islamico e finiscono per convincere i suoi militanti e tanti palestinesi che seguire la via della democrazia non serve perché l'Occidente e Israele accettano solo i risultati a loro graditi.

L'anno e mezzo che passa tra le elezioni legislative del 25 febbraio 2006 e la presa del potere a Gaza da parte di Hamas nel giugno 2007 è un calvario, segnato da giochi dietro le quinte, accordi raggiunti e non rispettati e, naturalmente, nuove azioni repressive attuate dall'esercito israeliano. Il governo Haniyeh a un certo punto mette in piedi una sua forza di sicurezza, con migliaia di uomini, alternativa a quella ufficiale dell'Anp sulla quale non riesce ad avere alcun controllo. La cattura da parte palestinese del soldato Gilad Shalit, nel giugno del 2006, dà il via alla prima ampia operazione militare israeliana contro Gaza e l'inizio del blocco totale della Striscia. I rapporti tra Fatah e Hamas peggiorano con il passare dei mesi, poi l'8 febbraio 2007 Abu Mazen e il capo di Hamas, Khaled Meshaal, raggiungono alla Mecca un accordo che dovrebbe porre fine all'impasse. Viene dato il via libera a un governo di unità nazionale. Il movimento islamico mantiene la carica di premier per Haniyeh ma deve cedere a personalità indipendenti ministeri importanti, come gli esteri. Le finanze sono affidate a Salam Fayyad, un economista con ottimi rapporti con gli organismi finanziari internazionali e molto apprezzato in Europa e

Usa. Così l'Occidente avrà la possibilità di avviare contatti con il governo palestinese senza dover passare per esponenti di Hamas. Non serve a nulla, la chiusura è totale, mentre nei territori occupati i palestinesi fanno i conti con una crisi senza precedenti dovuta anche allo stop degli aiuti internazionali. Decine di migliaia di dipendenti pubblici non sono pagati, il commercio si ferma e tante famiglie precipitano nella disperazione.

Nelle strade di Gaza gli scontri intanto si moltiplicano. La situazione è incandescente. Le due parti si scambiano attacchi e ritorsioni, le vendette sono quotidiane. A giugno nella Striscia si diffonde la voce che Mohammed Dahlan, "uomo forte" di Fatah ed ex comandante della sicurezza preventiva, avrebbe agito subito dopo gli esami di maturità nelle scuole, previsti l'11 giugno, per realizzare una sorta di colpo di stato e rimuovere Hamas dal potere. In quei giorni, che avevano visto l'ingresso a Gaza di centinaia di agenti della sicurezza, tutti di Fatah, addestrati con fondi americani affidati al generale Keith Dayton (supervisore del riarmo delle forze speciali palestinesi dopo la seconda Intifada), le Brigate Ezzedin al-Qassam e la forza esecutiva agli ordini del Ministero dell'interno di Hamas, Said Siyyam, giungono alla conclusione di dover chiudere definitivamente la partita e regolare i conti con gli uomini di Mohammed Dahlan.

Tutto comincia il 7 giugno. Molti pensano che siano scontri isolati, come era avvenuto a maggio. Invece è la battaglia finale. In sette giorni i combattenti di Hamas sbaragliano poliziotti dell'Anp e miliziani di Fatah, costringendoli alla fuga con le loro famiglie verso il valico di Erez in attesa di rifugiarsi in Cisgiordania con l'autorizzazione di Israele. Migliaia di persone lasciano Gaza mentre gli scontri si fanno più cruenti e sanguinosi. E gli uomini di Hamas si abbandonano non poche volte a una brutale vendetta. Il numero dei morti di quei giorni non si è mai saputo con precisione. Alcuni parlano di sette-ottocento morti, in maggioranza uomini di Fatah e delle forze di sicurezza dell'Anp. Dal 14 giugno 2007 il movimento islamico ha il controllo esclusivo della Striscia di Gaza. Giustifica da allora il suo atto di forza con l'urgenza di impedire un presunto "golpe" in preparazione da parte di Dahlan, con la complicità degli Usa e Israele, contro un governo legale e riconosciuto dai palestinesi. Fatah nega tutto e accusa, ancora oggi, Hamas di aver "mostrato la sua vera natura" nel giugno del 2007 e di aver sempre e soltanto mirato a prendere il potere, in ogni modo, non solo a Gaza, contro gli interessi del popolo palestinese, nascondendosi dietro una scelta democratica che non sarebbe mai stata sincera.

Da quei giorni di dieci anni fa le due parti hanno più volte annunciato accordi di riconciliazione e la formazione di governi di unità nazionale. Sul terreno però non è mai cambiato nulla. Fatah e Hamas restano lontani, separati da ideologie e obiettivi opposti e accecati dalla conservazione a tutti i costi di un potere inesistente di fronte alla realtà dell'occupazione. Le invocazioni popolari per la fine della frattura tra Gaza e Cisgiordania cadono nel vuoto. Israele nel frattempo nell'inutile sforzo di schiacciare Hamas ha lanciato tre grandi offensive militari (nel 2008, 2012 e 2014) facendo migliaia di morti e feriti e distruzioni immense.

Golpe e guerre civili: l'isolamento di Hamas

«Questa galleria era lunga un chilometro, ma è stata distrutta dall'esercito egiziano. L'abbiamo ricostruita, ora arriva a duecento metri. Usavamo questo tunnel per il cemento, ne facevamo entrare duecentocinquanta tonnellate al giorno. Lavoravamo ventiquattro ore su ventiquattro, tre turni al giorno».[17] Sono trascorsi tre anni dal gennaio 2014 quando M. T. ci ha accompagnato a vedere cosa restava del suo tunnel a Rafah. Erano passati appena sei mesi dal golpe egiziano del 3 luglio 2013, ma gli effetti dirompenti sulla Striscia di Gaza erano già cruda realtà: in pochi mesi il nuovo leader del paese, il generale Abdel Fattah al-Sisi, ha ordinato la distruzione di migliaia di gallerie

---

17   Intervista rilasciata nel gennaio 2014.

sotterranee, quelle che dal 2009 permettevano alla popolazione sotto assedio di Gaza di procacciarsi beni di prima necessità, sigarette, automobili, cemento.

Inizia da lì la crisi regionale che sta assediando il governo *de facto* di Gaza. Una crisi politica seria che ha isolato il movimento islamista palestinese, vittima del golpe egiziano che ha messo fine alla prima esperienza governativa dei Fratelli musulmani, ma anche di scelte di campo che l'hanno condotta ad alienarsi i favori del cosiddetto asse della resistenza.

A raccontare gli albori della crisi sono i capannoni vuoti lungo la striscia di terra che, a Rafah, divide Gaza dall'Egitto: dopo l'assedio imposto da Israele nel 2007, dai mercati gazawi è sparito tutto. Farina, carne, zucchero, medicine, carburante, vestiti, scarpe. Gli scaffali si svuotano, i prezzi lievitano. Mera sopravvivenza. Fino all'avvento dei primi tunnel: in poco tempo le gallerie sotterranee verso l'Egitto si moltiplicano, l'organizzazione affinata. Vengono costruiti tunnel per ogni tipo di bene, dai più piccoli per animali, sigarette e cibo ai più grandi, larghi anche cinque metri, da cui passano pick-up, auto, camioncini. In alcuni casi dei veri e propri binari. Gli operai li dotano di elettricità, della luce per vedere meglio e della corrente per far funzionare i cavi che trasportano i materiali.

Un business stimato in duecentotrenta milioni di dollari al mese,[18] estremamente lucroso tanto da attirare l'interesse di Hamas: il governo ne assume il controllo, impone tasse, costruisce magazzini e tendoni, manda la polizia a controllare. Il giro d'affari, che permette a quasi due milioni di persone di condurre una vita apparentemente normale, evapora nel luglio 2013: il primo presidente democraticamente eletto d'Egitto, Mohamed Morsi, esponente della Fratellanza Musulmana, viene deposto dall'esercito dopo mesi di proteste di piazza.

18 Secondo uno studio condotto dal professor Abu Mdalla, preside della Facoltà di economia dell'Università al-Azhar, le gallerie sotterranee hanno soddisfatto per anni il 60% del fabbisogno di materie prime e beni di prima necessità di Gaza: http://www.ipsnews.net/2014/01/gaza-loses-underground-lifeline/.

Fallisce così il primo vero tentativo di governo di una compagine freista, a causa di un mix di impreparazione, mancata riforma dello Stato ancora «plasmato da decenni di autoritarismo e occupato da rappresentanti dell'ex regime pronti a difendere la loro posizione di privilegio ad ogni costo»,[19] assenza di legittimazione da parte delle altre forze politiche.

Il crollo si allarga a macchia d'olio e investe con la sua potenza distruttrice anche Hamas: braccio palestinese della Fratellanza, diventa preda dell'anti-islamismo del Cairo del colpo di Stato che chiude il valico di Rafah, distrugge i tunnel, impone un secondo assedio su un territorio già prigioniero. La popolazione paga le scelte politiche della leadership, affidatasi con troppa sicurezza all'Egitto islamista: Morsi aveva autorizzato l'apertura degli uffici politici del movimento palestinese nella capitale egiziana, permesso ai suoi vertici di stabilirsi al Cairo (tra loro Abu Marzuq, numero uno dell'ufficio politico negli anni Novanta), girato al governo gazawi generose donazioni di privati e sostenitori.

Con l'avvento di al-Sisi, Hamas diventa avversario ostile, capro espiatorio degli attacchi compiuti da gruppi islamisti in Sinai. Il valico di Rafah viene sigillato, i tunnel distrutti, le barche dei pescatori aggredite, mentre la stampa egiziana lancia una durissima campagna contro il movimento e, di riflesso, contro Gaza.

Gli effetti si vedono, a occhio nudo, già pochi mesi dopo: gli operai sotto i tendoni bianchi di Rafah si contano sulle dita della mano, come il numero di tunnel ancora funzionanti. I pochi lavoratori sono seduti a terra, sopra tappeti impolverati, e fanno colazione: olio e *zatar*, olive, pane caldo. Uno di loro ci mostra il tunnel a cui stanno lavorando: è stato allagato, dice il proprietario, c'è da rimetterlo in sesto.

Ma l'impatto delle distruzioni è stato immenso: duecentomila persone hanno perso il lavoro, tra operai dei tunnel, muratori che non hanno cemento per mandare avanti i cantieri, trasportatori, intermediari. Lo specchio della parabola di Hamas,

---

19   D. Pioppi, *Storia ed evoluzione dell'islamismo arabo. I Fratelli musulmani e gli altri*, L. Guazzone (a cura di), Mondadori, Milano 2015, p. 286.

da movimento di resistenza a partito (quasi obbligato) di governo. A monte sta la particolare dinamica che spinse il gruppo a partecipare alle elezioni nel 2006: «La legittimazione di Hamas fa parte anche della sua abilità di mantenere la forza di gruppo armato – scrive la giornalista Paola Caridi in *Hamas* –, non si tratta di un gruppo di reduci da un conflitto che devono essere reinseriti nella pace, né di una trasformazione in chiave moderata: Hamas rimane Hamas, anche quando sceglie di partecipare agli organi amministrativi dell'Anp».[20]

La prospettiva resta duplice (amministrazione e resistenza) e il consenso popolare che ne deriva è visibile durante le atroci campagne israeliane contro la Striscia. Ma se durante l'operazione "margine protettivo" dell'estate del 2014, il popolo palestinese si è nuovamente stretto intorno alla fazione islamista, il ritrovato idillio è durato poco. Considerato da molti palestinesi, religiosi e laici, spesso anche cristiani, il partito che si ergeva sulle macerie del movimento di liberazione nazionale, la compagine scevra delle accuse di nepotismo e corruzione che investono Fatah, Hamas ha compiuto errori di valutazione gravi. Ha preferito rifugiarsi sotto l'ala del regionalismo della Fratellanza Musulmana, farsi suo portavoce nei territori occupati, guardare alle alleanze esterne con l'asse sunnita prima che alle necessità interne della popolazione gazawi.

In tale ottica ha preferito abbandonare la vecchia rete di amicizie (quella sciita del cosiddetto asse della resistenza) che ha garantito per anni ospitalità in esilio e armi in casa: ha voltato le spalle al governo di Damasco, prima tentando una difficile neutralità nella guerra civile scoppiata nel 2011 e poi sostenendo le opposizioni sunnite;[21] ha voltato le spalle all'Iran, suo fi-

---

20 P. Caridi, *op. cit.*, p. 151.

21 Hamas ha sempre negato di aver dato sostegno concreto al fronte anti-Assad, ma diverse sono state negli anni le accuse da parte di Damasco. In particolare si imputa al suo braccio armato, le Brigate Ezzedin al-Qassam, di aver fornito assistenza sia a unità dell'Esercito libero siriano sia alla milizia salafita Ahrar al-Sham. Cft. Mamoon Alabbasi: http://www.middleeasteye.net/news/how-did-hamass-military-expertise-end-syrias-rebels-1129524334

nanziatore, e a Hezbollah, sostenitore e addestratore. La sede di Hamas nella capitale siriana è stata evacuata, la leadership islamista cacciata. Lo stesso è accaduto a Beirut, dove Hezbollah garantiva ai leader del movimento palestinese di risiedere. Con la fine della collaborazione, il Partito di Dio ha sospeso anche gli accordi di assistenza militare, ovvero il rifornimento di armi, addestramento, intelligence.

Hamas ha guardato all'Egitto come nuovo sponsor, al Qatar e alla Turchia come nuovi cassieri. Una decisione di campo che lo allontana dalle origini, dagli anni Novanta e i primi anni 2000 quando si pose come movimento interamente palestinese e non come filiale di una rete regionale: i diciotto punti del programma elettorale del partito Riforma e cambiamento, in vista del voto del 2006, limitavano la sfera di azione di Hamas ai territori e definivano i dettagliati obiettivi sociali, economici e politici del movimento.[22] Ma la crisi della Fratellanza ha travolto anche Hamas, politicamente e finanziariamente. Tanto in crisi da tentare, più volte nel corso degli ultimi anni, la riconciliazione impossibile con Fatah. Il più serio tentativo di dare vita a un governo di unità nazionale risale al 23 aprile 2014: è il Gaza agreement, siglato dal premier della Striscia Haniyeh e il presidente dell'Anp Abbas. Salutata con favore dalla comunità internazionale, l'intesa è stata presa subito di mira da Israele che ha fatto saltare il tavolo del dialogo – già agli sgoccioli – messo in piedi dall'allora segretario di Stato Usa John Kerry. Hamas e Fatah hanno comunque proseguito nelle consultazioni, un matrimonio di mero interesse ma apparentemente saldo: Fatah doveva superare la grave crisi di consenso di cui soffre da decenni; Hamas doveva uscire dal tunnel della crisi finanziaria e dell'isolamento regionale.

A mettere la parola fine al Gaza agreement è Israele: nel giugno 2014 lancia una vasta campagna militare in Cisgiordania volta a sabotare il governo di unità, ma giustificata con la scomparsa

22 Cfr P. Caridi, *op. cit.*, p. 162.

(unilateralmente attribuita ad Hamas) di tre coloni.[23] Poche settimane e le prime bombe cominciano a piovere su Gaza. L'accordo muore, insieme a duemiladuecentocinquanta palestinesi della Striscia.

Non un fatto nuovo: da almeno due decenni il governo israeliano boicotta qualsiasi tipo di unità interna palestinese, ma anche di tregua che la leadership islamista ha proposto – tramite negoziatori arabi – a Tel Aviv e Ramallah. Palese è la strategia israeliana di mantenimento di un alto livello conflittuale, soprattutto durante la seconda Intifada, quando Hamas avanzò più volte proposte di tregua per salvaguardare i civili palestinesi e israeliani. Tutte rigettate. Il rigetto di Israele è passato per omicidi mirati extragiudiziali: nel 2002 il cessate il fuoco tra fazioni palestinesi e Israele, mediato dall'allora alto rappresentante della Ue agli Affari esteri, Javier Solana, e da Alaistair Crooke, ex dell'Mi6, viene fatto a pezzi (poche ore prima dell'annuncio) da un F16 che uccide il capo delle Brigate Ezzedin al-Qassam, Salah Shedadeh; l'anno dopo, in estate, la tregua di un mese viene bruscamente interrotta da un missile che elimina Ismail Abu Shanab, "colomba" del movimento e architetto del cessate il fuoco.

---

23   Secondo la stessa polizia israeliana, la campagna era stata montata ad arte perché fin da subito il governo sapeva che i tre coloni erano stati uccisi da un gruppo non dipendente da Hamas. Cft. Chiara Cruciati, https://ilmanifesto.it/attacco-preordinato/.

Capitolo cinque

Israele tra redenzionismo e pacifismo

Yishai Fleisher è spigliato, affabile, ha la risposta pronta per ogni domanda. Piace a chi lo ascolta, anche per la sottile ironia con cui condisce le sue spiegazioni del conflitto con gli "arabi".[1] Figlio di cittadini dell'ex Unione sovietica, cresciuto negli Stati Uniti e immigrato in Israele, Fleisher vive in una piccola colonia ebraica nella zona est, quella palestinese, di Gerusalemme. Scrive editoriali per siti e giornali, anche importanti, produce programmi radiofonici e amministra un blog piuttosto seguito.

Il suo incarico principale però è quello di portavoce della "Comunità ebraica di Hebron", ossia i coloni israeliani insediati nella zona H2 di Hebron, quella che comprende il sito della Tomba dei Patriarchi. Fleisher è da tempo la voce dei coloni ebrei nei territori palestinesi occupati, sempre più ascoltata con attenzione in molti paesi, soprattutto dall'amministrazione Usa.

«Israele non sembra avere mai una buona risposta alle accuse contro l'attività di insediamento [ebraico nei territori palestinesi occupati]», ha scritto in un suo articolo pubblicato all'inizio del 2017 sul giornale più famoso del mondo, il *New York Times*.[2] «Ogni volta che si sente l'affermazione che Israele ha rubato le terre palestinesi, le risposte [di Israele] inevitabilmente sono: "Abbiamo inventato il cellulare", "Abbiamo diritti per

---

1   Tra i coloni israeliani insediati in Cisgiordania è abitudine parlare dei palestinesi come degli "arabi" a disconoscimento della loro appartenenza alla terra di Palestina.

2   Yishai Fleisher, *A Settler's View of Israel's Future*, «New York Times», 14 febbraio 2017.

i gay", "Vogliamo aiutare Haiti dopo il terremoto". È un banale offuscamento. E quando siamo spinti a spiegare il motivo per cui la soluzione dei "due Stati" è perennemente bloccata, la risposta è sempre: la colpa è dell'ostruzionismo arabo».

Secondo Fleisher questa incapacità di dare una risposta chiara sarebbe il risultato di trent'anni di cattiva politica volta «a creare uno Stato palestinese nel cuore ebraico della Giudea e della Samaria, che il mondo chiama Cisgiordania». Per i coloni, aggiunge, «la verità è chiara: la soluzione dei "due Stati" è erronea e non potrà mai realizzarsi perché la Giudea e la Samaria appartengono al popolo ebraico. Il nostro diritto su questa terra deriva dalla nostra storia, dalla religione, dalle decisioni internazionali e dalle guerre difensive». Gli ebrei, aggiunge, «hanno vissuto qui per tremilasettecento anni, nonostante ripetuti massacri, espulsioni e occupazioni – dai romani agli arabi, dai crociati agli ottomani. E il mondo ha riconosciuto l'esistenza indigena del popolo ebraico in questa terra nella dichiarazione Balfour del 1917 e con gli accordi di San Remo del 1920».

Nel suo articolo il portavoce della comunità ebraica di Hebron riconosce che Israele, impedendo la nascita di uno Stato palestinese, deve comunque fare i conti con i diritti che reclameranno gli "arabi" residenti in Cisgiordania, Gaza e Gerusalemme est. Per questo problema, ricorda Fleisher, esistono opzioni già da tempo sul tavolo. Come la "Giordania è lo Stato di Palestina", è lì e soltanto lì che i palestinesi sotto il controllo di Israele potranno esercitare i loro diritti politici, come fanno i cittadini di uno Stato che risiedono all'estero.

Un'altra opzione, prosegue, è quella di creare dei minuscoli "emirati" corrispondenti a Gaza e alle principali città palestinesi in Cisgiordania. Un'altra ancora è quella di offrire agli "arabi" una soluzione come Porto Rico, un territorio statunitense i cui residenti non possono votare alle elezioni federali. Oppure creare uno Stato unico, come propone in un suo libro Caroline Glick, editorialista del *Jerusalem Post*, assegnando la cittadinanza ai palestinesi in Cisgiordania all'interno di uno stretto sistema di sicurezza nelle mani esclusive della maggioranza ebraica. Infine c'è quella proposta dal nuovo partito Zehut, della "emigrazione volontaria degli arabi". In ogni caso, conclude Fleisher, lo Stato palestinese è superato ed è il momento di mettere da parte le «parole d'ordine del passato».

Tutte queste opzioni hanno in comune un punto: Israele avrà in via definitiva la sovranità su tutta la Palestina storica dove i palestinesi non potranno esercitare il diritto alla piena autoderminazione politica. I coloni rimarranno al loro posto, in Cisgiordania e a Gerusalemme est, spiega un altro noto esponente della destra estrema, l'ex deputato Yaakov Katz.

Secondo i dati del Ministero dell'interno, aggiornati al 1° gennaio 2017 e due mesi dopo resi noti proprio da Katz, in Cisgiordania sono insediati 420.899 coloni israeliani. Nel 2016 erano 406.332. L'aumento dal 2012, quando i coloni erano 342.414, è stato del 23%. Questo dato non comprende gli israeliani, oltre 200mila, residenti negli insediamenti costruiti nel settore est di Gerusalemme. «Il numero degli ebrei che vivono oggi in Giudea e Samaria la dice lunga – spiega Katz. I fatti sul terreno in questa regione sono irreversibili e rendono obsoleta l'idea dei due Stati [...]. Qualsiasi cosa diranno o penseranno Angela Merkel, Donald Trump o qualcun altro [quella soluzione] appartiene al passato e non al futuro».[3]

D'altronde che occorra pensare a "soluzioni alternative" allo Stato palestinese in Israele non lo dicono soltanto esponenti

---

3   Michele Giorgio, *I coloni: siamo tanti, è tramontata l'idea dello Stato palestinese*, in «il manifesto», 28 marzo 2017. Dopo il 1967, Israele ha costruito circa 150 insediamenti coloniali nei territori palestinesi occupati. In Cisgiordania inoltre sono presenti oltre cento "avamposti ebraici", creati dagli stessi coloni senza alcuna autorizzazione, e in gran parte legalizzati da una legge approvata all'inizio del 2017 dalla Knesset. Le colonie di Gaza, una ventina, invece sono state evacuate e demolite nel 2005 sulla base del "piano di disimpegno" varato dal primo ministro dell'epoca Ariel Sharon. Occorre tenere presente che altri trentadue insediamenti ebraici – in gran parte moshav e kibbutz – sono stati costruiti da Israele nelle alture del Golan, un territorio siriano occupato anch'esso nel 1967. Le colonie israeliane nel Sinai invece sono state sgomberate e distrutte dopo gli accordi di pace di Camp David raggiunti dallo Stato ebraico con l'Egitto. È utile ricordare che il diritto internazionale e la IV convenzione di Ginevra considerano illegali tutte le colonie israeliane e l'insediamento di popolazione civile dello Stato occupante nei territori che ha conquistato militarmente.

della destra e i coloni. Questo orientamento è sempre più diffuso tra intellettuali e rappresentanti del centrosinistra che per lungo tempo avevano appoggiato l'idea dei due Stati.

A fare i conti con la "realtà" delle colonie è stato, ad esempio, il noto romanziere Abraham B. Yehoshua, considerato in Europa un sincero pacifista. «Questa soluzione non è più possibile. Ho creduto nei due Stati per cinquant'anni, ho combattuto per essa... come intellettuale devo affrontare la realtà e non illudermi, devo domandarmi se questa soluzione è davvero realizzabile. Interiorizziamo che è impossibile deportare quattrocentocinquantamila coloni, non accadrà, in nessun caso. Possiamo dividere Gerusalemme? È il momento di cominciare a pensare a soluzioni alternative», ha proclamato alla fine del 2016 ai microfoni di *Kol Israel*, la radio pubblica israeliana.

"Miracolo", "Fine che forza" e *Gheula'*

Dall'articolo di Yishai Fleisher si percepisce la soddisfazione per i traguardi raggiunti dal sionismo religioso messianico che fa breccia in vasti segmenti della società e nella politica di Israele e conquista consensi anche in Occidente sull'onda della crescente avversione ai musulmani e agli arabi. I principi del sionismo religioso spesso si fondono con quelli dei predicatori cristiani evangelici che lanciano invocazioni per la "realizzazione della profezia biblica".

I cristiani sionisti oggi mobilitano decine di milioni di persone in tutto il mondo a sostegno dello Stato di Israele e in particolare della destra religiosa più radicale e contro l'aspirazione dei palestinesi all'indipendenza. Il sionismo religioso è al governo in Israele, rappresentato da diversi ministri – come quelli del partito La casa ebraica –, domina alla Knesset e conquista posizioni di vertice anche nelle forze armate e nei servizi di sicurezza. Anche la Corte suprema ora conta giudici vicini alla destra religiosa. In questo contesto la Bibbia ha la supremazia sul diritto internazionale e "la promessa di Dio" al popolo ebraico è il perno della rivendicazione israeliana su tutta la Palestina storica, la biblica *Eretz Israel*, a scapito delle risoluzioni dell'Onu che pure sono state fondamentali per la creazione dello Stato di Israele nel 1948.

Nel 2015 la vice ministra degli esteri Tzipi Hotovely ha esortato i diplomatici israeliani a mostrare il testo biblico alle controparti occidentali che condannano l'occupazione di Gerusalemme est, Cisgiordania e Gaza.[4] Non sorprende perciò che il riconoscimento internazionale dei coloni, degli insediamenti ebraici e del "diritto a costruire" ovunque in *Eretz Israel*, ha occupato dal 2009 in poi un posto centrale nel programma dei governi guidati dal premier Benjamin Netanyahu (Likud), in apparenza un laico ma in realtà intimamente connesso all'ala messianica della destra israeliana.

Sociologi e politologi spiegano questa svolta nazionalista religiosa in Israele con la tendenza mondiale, e in particolare in Medio oriente, del ritorno alla fede per milioni di persone in seguito al crollo delle ideologie di sinistra e al declino del laicismo. Lo stesso, aggiungono, è accaduto in forma più accentuata nel mondo arabo islamico. A ben guardare l'inizio di questa "rivincita" di Dio in Israele va ricercato ben più indietro. Occorre tornare al 1967 e alla Guerra dei sei giorni. La corrente religiosa è sempre stata presente nel movimento sionista, confinata però in ambito politico minoritario e rappresentata dal Partito nazionale religioso, Mafdal, che tra il 1956, anno della sua fondazione, e il 1967 ha avuto un ruolo marginale almeno rispetto ai partiti centristi o di ispirazione laburista che guidavano il paese sin dalla sua creazione.

La svolta a suo favore avviene con la vittoria devastante ottenuta da Israele su Egitto, Giordania e Siria in soli sei giorni nel giugno del 1967. Nelle settimane e nei mesi successivi alla fine della guerra anche gli israeliani laici parlano di "miracolo" e i sionisti religiosi vedono in quello strabiliante successo militare

---

4   *Hotovely Tells Foreign Ministry to Quote Torah to the World*, «Israel National News», 22 May 2015, http://www.israelnationalnews.com/News/News.aspx/195750.

il realizzarsi di un disegno divino. Dio, spiegano, offre agli ebrei l'opportunità di esercitare la sovranità su *Eretz Israel* e di realizzare la *gheula',* la redenzione di tutta la Terra Promessa. All'improvviso per un numero crescente di israeliani diventa veritiero il redenzionismo del rabbino capo durante il Mandato britannico, Abraham Isaac Kook, e di suo figlio Tzvi Yehuda Kook, secondo i quali gli ebrei devono ascoltare «il divino comando della fine dell'esilio».

Si consuma la frattura più ampia con il credo dell'ebraismo ultraortodosso rappresentato dalle comunità *haredim* che si proclamano non sioniste e che insistono per «non forzare la Fine» e per attendere l'avvento del Messia, quindi a non prendere in mano il volante del disegno divino per gli ebrei. «No, non siamo noi a forzare la Fine», replica Tzvi Yehuda Kook, «è la Fine che forza noi». E se Dio comanda, spiega Kook figlio, il popolo ebraico non può far altro che eseguire i suoi ordini. Chi ha colto il segno divino, aggiunge, non può far altro che spingere i laici e i *haredim* a fare la loro parte, anche inconsapevolmente, per l'adempimento del programma messianico che consiste prima di tutto nel conservare la terra conquistata dai soldati israeliani nel 1967. Da quei giorni in poi, spiega Avizier Ravitsky, preside della Facoltà di filosofia all'Università ebraica di Gerusalemme, il messianesimo dei rabbini Kook «non appare più soltanto come speranza riformatrice e rivendicazione critica e non è più rivolto unicamente al futuro avvenire». La redenzione di *Eretz Israel* ormai «è radicata in seno all'accadimento storico reale, nasce da dentro gli eventi e ritorna a realizzarsi dentro di essi».[5] È un messianesimo senza messia, un processo di redenzione senza il redentore. Eppure proclama Shlomo HaCohen Aviner, che diventerà il capo spirituale della colonia di Bet El e del collegio rabbinico di Ataret Cohanim (impegnato ancora oggi nella "riconquista

---

5   A. Ravitzky, *La fine svelata e lo Stato degli ebrei. Messianesimo, sionismo e radicalismo religioso in Israele*, Marietti, Genova-Milano 2007, pp. 110-111.

ebraica" della città vecchia di Gerusalemme) «questo è dinamismo divino. È questo il messianesimo».[6]

Dopo la Guerra dei sei giorni la yeshiva sionista Mercaz HaRav a Gerusalemme, guidata dal Kook figlio, diventa centrale per il dibattito teologico e politico che darà vita al primo embrione della "Grande Israele", ossia il controllo di Israele su tutta la terra, in contrapposizione con la spartizione della Palestina, che i sionisti laici avevano accettato nel 1947 approvando la risoluzione 181 dell'Onu. Nel 1967 il diciottenne Michel Warschawski, ancora lontano dal diventare un leader della sinistra antisionista israeliana e un saggista di successo, completava i suoi studi proprio al Mercaz HaRav e ricorda l'atmosfera che si respirava in quei giorni.

«Regnava l'estasi tra molti miei compagni e insegnanti – ricorda Warschawski –. Erano totalmente all'interno di un'idea escatologica di Israele, ripetevano che Dio aveva mostrato con chiarezza la sua volontà al popolo ebraico chiamandolo a realizzare la completa redenzione della terra. L'era messianica, dicevano, era in atto e le terre appena conquistate non sarebbero mai state date agli arabi». Tuttavia, aggiunge Warschawski, «non bisogna credere che quel fervore fosse ristretto solo agli ambienti religiosi sionisti. La maggioranza degli israeliani, che prima della guerra era certa che la distruzione del paese fosse imminente, appariva convinta del "miracolo" della vittoria e si lasciava trascinare da chi evocava la realizzazione di un piano del Signore. Un mio conoscente che si era sempre professato ateo mi disse che aveva cominciato a credere in Dio dopo la vittoria militare del nostro esercito. È ai dibattiti sulla "Grande Israele" non partecipavano solo quelli di destra, spesso si incontravano anche membri dei kibbutz e della sinistra».[7]

6 *Ibidem.*, p. 112.

7 Intervista rilasciata il 13 ottobre 2016.

Gush Emunim e la colonizzazione

In questo clima la colonizzazione diventa un imperativo, anche per impedire che i governi, che nei dieci anni successivi alla guerra del 1967 saranno ancora guidati dai laburisti e dal centrosinistra, possano cedere i territori occupati nel quadro di un ipotetico accordo di pace con i paesi arabi (i palestinesi non saranno considerati degli interlocutori per ancora molti anni).

Scalpita Hanan Porat, discepolo di Tzvi Yehuda Kook, paracadutista che aveva "riconquistato" il muro del pianto, destinato a diventare uno dei fondatori del movimento messianico Gush Emunim, il "Blocco dei Fedeli", per anni motore della colonizzazione. Porat medita di ridare vita al kibbutz religioso di Kfar Etzion sulla Linea verde che nella guerra del 1948 era stato distrutto dalle truppe giordane e palestinesi (gli storici israeliani riferiscono dell'uccisione di oltre cento abitanti). Dietro ha gli studenti del yeshiva Mercaz HaRav dove aveva studiato e lo appoggiano diversi esponenti politici sostenitori della "Grande Israele". Si incontra varie volte con il premier Eshkol e lo convince a dargli il permesso di entrare nell'area dove un tempo sorgeva Kfar Etzion. Il primo ministro accetta di buon grado, aggirando il parere contrario dell'esperto di diritto internazionale del ministro degli esteri, Theodor Meron, che aveva descritto l'insediamento di popolazione civile nei "territori amministrati" (così Israele per decenni ha definito i territori occupati nel 1967), sia in quelli palestinesi che nel Sinai egiziano e nel Golan siriano, come una violazione della quarta convenzione di Ginevra.[8]

Il pretesto è quello che Israele costruirà, lungo le linee fissate dal piano "difensivo" del ministro Yigal Allon avamposti militari che, in realtà saranno gli embrioni di nuovi

---

8   G. Goremberg, *Occupied Territories, the untold story of the Israeli Settlements*, I. B. Tauris, 2007, pp. 99-115.

insediamenti.[9] E con esso i laburisti consentiranno ai messianici seguaci dei rabbini sionisti Kook di dare il via a una lunga campagna di colonizzazione che non si è mai fermata e che prosegue oggi più intensa di prima sull'onda anche delle elezioni a presidente degli Stati Uniti di Donald Trump, più favorevole alle attività di insediamento ebraico in Cisgiordania e a Gerusalemme est rispetto al suo predecessore Barack Obama che, non senza contraddizioni, aveva provato almeno a contenerle.

Con Porat c'è un giovane rabbino sionista, Moshe Levinger, anch'egli discepolo di Kook figlio. L'obiettivo è Hebron. Con un piglio più radicale del suo compagno di impresa, Levinger nel 1968 ottiene, senza grande difficoltà, un permesso dell'esercito per trascorrere la Pasqua ebraica nella città dei Patriarchi, prendendo alcune stanze al-Naher al-Khaled Hotel. Quindi rifiuta di andare via e, in seguito a una lunga trattativa con i comandi militari, si trasferisce in un'abitazione nei pressi della città dove sarà tra i fondatori della colonia di Kiryat Arba.

In seguito Levinger tornerà a Hebron, legando il suo nome a violenze contro i palestinesi e fatti di sangue. A queste prime attività di "redenzione" seguono negli anni successivi ondate di colonizzazione che vedono per protagonista il movimento Gush Emunim, emanazione del partito Mafdal ma fondato dal rabbino Kook, assieme a Haim Drukman. I suoi principali leader sono, oltre ad Hanan Porat e Moshe Levinger, Shlomo Aviner, Menachem Froman e Eleazar Waldman.

La nascita ufficiale del movimento è nel 1974 con la creazione di piccoli insediamenti, fatti inizialmente solo di qualche caravan e container, nella zona di Sebastia e Nablus. Dopo Kfar Etzion e Kiryat Arba vedono la luce Elon Moreh, Kedumim, Bet El, Shavei Shomron e tanti altri. I governi laburisti hanno un

---

9   Il quotidiano israeliano *Haaretz* ha rivelato documenti segreti sulle discussioni nel 1970 tra alcuni comandanti militari per dare vita alla colonia di Kiryat Arba, alle porte di Hebron e una delle più importanti, mascherandola da avamposto militare. Yotam Berger, *Secret 1970 Document Confirms First West Bank Settlements Built on a Lie*, «Haaretz», 28 luglio 2016, http://www.haaretz.com/israel-news/.premium-1.733746.

comportamento compiacente, frutto il più delle volte di rivalità interne, in particolare tra Yitzhak Rabin e Shimon Peres, in cui le parti contrapposte per garantirsi il favore dei messianici danno il via libera alle incursioni dei coloni in Cisgiordania.[10]

L'impulso più forte alla colonizzazione arriva dopo la vittoria della destra alle elezioni legislative del 1977. Il premier Menachem Begin lascia campo libero al Gush Emunim e al Dipartimento insediamenti ebraici dell'Organizzazione sionista mondiale. Il suo partito, il Likud, considera tutta *Eretz Israel* "patrimonio inalienabile" del popolo ebraico. Ariel Sharon sarà come ministro ed esponente di spicco del Likud uno degli alfieri principali della colonizzazione. In quel periodo trova spazio il piano di costruzioni dell'ex deputato di destra Matityahu Drobles volto a impedire che possa nascere in futuro uno Stato palestinese.

L'espansione degli insediamenti coloniali dal 1967 ha avuto rallentamenti ma mai soste. Anche Yitzhak Rabin, dopo la firma degli accordi di Oslo nel 1993, ha continuato ad approvare la costruzione di nuove case con la motivazione di soddisfare la «crescita demografica naturale delle colonie». Infine si è giunti all'era Netanyahu che segna la collaborazione aperta tra governo e leader delle colonie, sulla base di programmi di espansione spesso decisi insieme. Nei territori palestinesi occupati si è riversata in questi ultimi anni una immensa colata di cemento. Nel 2017 è caduto l'ultimo tabù. La Knesset ha approvato una legge che "sana" dozzine di avamposti ebraici e circa quattromila abitazioni costruite illecitamente, anche per la legge israeliana e non solo per quella internazionale, su terreni privati palestinesi. Israele ha rinunciato anche alla copertura "legale" delle colonie costruite solo su terre demaniali che aveva usato

---

10   La complicità dei dirigenti laburisti, in particolare del futuro premio Nobel per la pace Shimon Peres, con i sionisti religiosi negli anni immediatamente successivi alla guerra del 1967, è riferita da Israel Shahak e Norton Mezvinsky in *Jewish Fundamentalism in Israel*, Pluto Press, Londra 2004, pp. 55-77, un testo essenziale per chi volesse comprendere in quale maniera l'estremismo religioso influenza gli sviluppi politici in Israele.

per decenni per giustificare le sue attività di insediamento agli occhi della comunità internazionale.

La vittoria del sionismo religioso, cinquant'anni dopo il 1967, è piena. Lo Stato di Palestina ormai è solo una ipotesi sulla carta perché sul terreno le colonie e altre politiche di occupazione lo rendono irrealizzabile come entità territorialmente omogenea e sovrana. Il messianesimo dei rabbini Kook è al potere, con ministri che oggi chiedono anche la ricostruzione del tempio ebraico, sul Monte del tempio, la Spianata delle moschee di Gerusalemme già teatro di bagni di sangue. E il colono Yishai Fleisher, insediatosi contro il diritto internazionale in territori occupati militarmente, è ora un protagonista riconosciuto del discorso politico e diplomatico e può permettersi di illustrare le sue soluzioni persino sul *New York Times*.

Quale pace?

Il 1967 non segna soltanto l'inizio della galoppata verso la conquista delle istituzioni e del potere politico da parte delle rappresentazioni in partiti del sionismo religioso e della colonizzazione ebraica di Cisgiordania. Il dibattito sul futuro dei territori conquistati, arabi e palestinesi, vede l'emergere negli anni Settanta di alcune personalità che insistono per scambiare Cisgiordania e Gaza, così come il Sinai e, in misura minore il Golan, con accordi di pace con i paesi arabi.

Tra queste c'è un famoso ex generale, Matitiyahu (Matti) Peled, uno degli artefici della vittoria militare sugli arabi, che, tolta la divisa, comincia a sollevare dubbi sul sionismo e diventa un pacifista convinto. Negli anni successivi sarà uno dei primi sostenitori di uno Stato binazionale per ebrei e palestinesi. Svetta un altro ex nazionalista di ferro, il giornalista Uri Avnery, che invocherà l'avvio del dialogo con l'Olp e sarà protagonista nel luglio 1982 a Beirut di uno storico incontro con Yasser Arafat. Avnery, fondatore della rivista *Haolam Haze*, nel pieno dell'invasione israeliana del Libano, attraversa le linee di combattimento per intervistare il leader palestinese sotto assedio e spiegare agli israeliani le ragioni di colui che consideravano solo "terrorista".

Negli anni precedenti il giornalista aveva avuto colloqui con altri esponenti dell'Olp, tra i quali Issam Sartawi e Said Hammami, senza però riuscire a smuovere l'establishment israeliano che riconoscerà la leadership palestinese solo nel 1993 con gli accordi di Oslo. Avnery, oggi ultranovantenne, è il leader del gruppo Gush Shalom (Blocco della Pace) di cui è stato uno dei fondatori, che appoggia la creazione di uno Stato palestinese in tutti i territori occupati da Israele nel 1967, con Gerusalemme capitale di due Stati.[11]

Degno di nota è l'impegno di Abie Nathan, ebreo di origine persiana, protagonista prima del 1967 del volo con il suo piccolo aereo a elica verso l'Egitto per incontrare Gamal Abdel Nasser. Anche Nathan è stato protagonista di incontri, a un certo punto proibiti dalle autorità israeliane, con esponenti dell'Olp. La sua radio, *Voce della Pace*, usando un'imbarcazione al largo delle coste israeliane, ha trasmesso prima degli accordi di Oslo proclami a sostegno della soluzione dei "due Stati" e del riconoscimento dei diritti dei palestinesi. Figure di rilievo sono anche alcuni avvocati per i diritti umani, come Lea Tzemel, la comunista Felicia Langer e Avigdor Feldman. In anni più recenti si è messo in luce il gruppo Tayyush (Coesistenza), nato durante la seconda Intifada, e ancora oggi attivo nella zona a sud di Hebron, a protezione dei villaggi palestinesi circondati da alcune delle colonie israeliane più ideologiche.

Tra le formazioni del passato più radicali, di orientamento marxista e antisionista, la più importante è senza dubbio l'Organizzazione socialista in Israele, più nota come Matzpen ("Compasso", dal nome della sua rivista), fondata nel 1962 da

---

11   Uri Avnery racconta il suo lungo impegno a sostegno dell'avvio di negoziati diretti con l'Olp e i palestinesi e per la realizzazione di una soluzione di pace fondata sulla giustizia e il diritto internazionale in *My Friend, the Enemy*, Zed Book, Londra 1986. È autore di un altro libro, *Israel Without Zionists. A plan for Peace in the Middle East*, tradotto in molte lingue.

Moshe Machover e Akiva Orr, ex militanti del Partito comunista israeliano-Maki. Matzpen per molti anni, nonostante una esistenza travagliata e continue spaccature e scissioni, ha offerto una visione non sionista del futuro di Israele e promosso una cooperazione rivoluzionaria e socialista con i palestinesi per la costruzione di un futuro comune, in piena uguaglianza. Matzpen ha partorito nel corso degli anni diversi gruppi radicali, come i troskisti Avangard e Hanitzoz/Sharara e i leninisti dell'Alternative information center, che hanno stretto rapporti di lavoro politico comune con formazioni della sinistra palestinese come il Fronte democratico per la liberazione della Palestina e il Fronte popolare per la liberazione della Palestina.

Un movimento pacifista, nel senso più classico del termine, vede la luce in Israele solo dopo il viaggio nel 1978 del presidente Anwar Sadat a Gerusalemme che apre la strada agli accordi di pace di Camp David tra Israele ed Egitto. Dopo la visita di Sadat trecentoquarantotto ufficiali riservisti dell'esercito israeliano inviano una petizione al premier Menachem Begin per esortarlo a continuare i colloqui di pace, che divenne il manifesto di Shalom Akhshav/Peace now, da quel momento in poi uno dei principali fautori dello scambio tra i territori occupati e un accordo di pace con arabi e palestinesi (ma con tutta Gerusalemme sotto sovranità israeliana).

«Il viaggio di Sadat fu decisivo, non solo per la nascita di Peace now» dice Zvi Schuldiner, docente universitario e giornalista, che in quegli anni, su posizioni più di sinistra, contribuiva ad avviare incontri con i palestinesi sul futuro dei territori occupati e a sostegno di Gerusalemme capitale di due Stati. «Il presidente egiziano – spiega – dimostrò che gli arabi in realtà erano pronti a parlare di una soluzione politica del conflitto, smentendo quelli che in Israele, al potere o nelle strade, ripetevano che [lo Stato ebraico] non aveva interlocutori. Sino a quel punto c'era stato un pacifismo che aveva radici ancora legate a visioni precedenti alla nascita di Israele nel 1948, che in parte si rifacevano al marxismo e in parte a posizioni espresse da accademici dell'Università ebraica. Prima della visita di Sadat lo Stato palestinese di rado era menzionato nei dibattiti, a farlo eravamo noi del "Comitato per la pace tra israelo-palestinese" e pochi altri. Le dimostrazioni popolari contro il governo, successive alla guerra del Kippur nel 1973 erano di protesta per la gestione militare del conflitto, per mandare a casa Golda Meir, e non per invocare l'adozione di una politica di pace. Non c'era una voce chiara, esplicita, sulle ragioni storiche e politiche che avevano portato alle guerre con gli arabi. Questa riflessione, anche a sinistra, cominciò solo quando Sadat venne a Gerusalemme».[12]

Il nome di Peace now diventerà noto in tutto il mondo nel 1982 per aver portato in strada quattrocentomila israeliani (a quel tempo il 10% della popolazione del paese) dopo la notizia del massacro di migliaia di profughi palestinesi a Sabra e Shatila durante l'invasione del Libano. Sempre contrario alla colonizzazione, che continua a monitorare ancora oggi, Peace now ha vissuto i suoi anni di maggiore influenza durante la prima Intifada e gli accordi di Oslo, quando la soluzione dei "due Stati" dominava il dibattito sul futuro dei territori palestinesi occupati. Con la seconda Intifada e lo spostamento a destra dell'opinione pubblica israeliana, sempre più scettica verso un accordo con i palestinesi, e la crescita del nazionalismo religioso, il declino di Peace now è stato netto. La sua ultima stagione da protagonista è coincisa con l'iniziativa di Ginevra di cui peraltro non è stato uno dei promotori principali. E con esso si sono ridimensionati, o più spesso sono scomparsi, gruppi e individui protagonisti dell'era della "pace in cambio della terra".

Distante dalla società: il pacifismo oggi

Gilad e Roni avevano rispettivamente sedici e diciotto anni quando li abbiamo incontrati: avevano da poco rifiutato di vestire l'uniforme dell'esercito, una scelta che in una

12   Intervista rilasciata il 25 marzo 2017.

società militarizzata come quella israeliana stravolge la vita. Taglia i ponti con amici e parenti, ostacola l'inserimento nel mondo del lavoro e l'accesso a certe facoltà universitarie. Appaiono spauriti, confusi. Ma poi prendono la parola e la voce è sicura.

Dopo il boom pacifista israeliano che accompagnò gli accordi di Oslo, oggi l'attivismo anti-occupazione è un fiume in secca: poche le associazioni attive, scarsa la partecipazione. Picchi di consapevolezza, dalla seconda Intifada ad oggi, si sono toccati durante le operazioni militari: se tra il 2000 e il 2004 i refusnik, gli obiettori di coscienza, si contavano a centinaia, è stata l'ultima operazione contro Gaza nel 2014 a spingere quarantatré soldati dell'unità 8200 a svelare gli strumenti di sorveglianza e reclutamento di collaboratori usati quotidianamente dall'intelligence.

Oggi i refusnik sono qualche decina l'anno nel mare magnum di una società che si sposta sempre più destra.[13] A monte sta un'educazione plasmata dalla prima infanzia, che avvolge i bambini della scuola primaria e si sviluppa in quella secondaria. Fino ai diciotto anni e l'ingresso nell'esercito, tappa obbligata e concepita come naturale prosieguo del percorso formativo, porta di ingresso nel mondo degli adulti.

«Le armi sono parte della mia vita e della mia identità di israeliano – ci dice Gilad –. Sono circondato da armi e soldati come il resto della popolazione. Ma non mi sento parte di tale narrativa: sono contrario all'occupazione militare e alla mentalità maschilista dell'esercito traslata nella società civile».[14] «Mancanza di opportunità, di lavoro, esclusione sociale e mancato accesso al sistema del welfare – aggiunge Roni, elencando quello che da refusnik si perderà –. L'esercito permette di

13 Secondo un recente sondaggio realizzato alla fine di marzo 2017 dal Jerusalem Center for Public Affairs, il 79% degli ebrei israeliani ritiene fondamentale mantenere Gerusalemme unita sotto il controllo israeliano, il 77% rifiuta il ritiro totale dalla Cisgiordania e l'81% pensa sia importante il controllo della valle del Giordano.

14 Intervista rilasciata nel maggio 2014.

accedere a un sistema di privilegi e welfare che lo Stato non riconosce da anni».[15]

Sono giovanissimi ma sicuri della propria scelta. A mancare, però, è una struttura. Se è costante la presenza di attivisti israeliani alle manifestazioni palestinesi contro muro e colonie, una rete capace di influenzare la società israeliana manca, mantenendo assolutamente periferico il dissenso alle politiche governative. Quello che il movimento pacifista (concetto ampio che racchiude una miriade di posizioni diverse e non sempre conciliabili, dagli anarchici ai gruppi sionisti contro l'occupazione fino agli anti-sionisti che promuovono la creazione di uno Stato unico democratico) è in grado di fare oggi è dare sostegno ai palestinesi, senza però avere reali effetti sulle percezioni della propria opinione pubblica.

Associazioni come B'Tselem, Saint Yves, Peace now, Zochrot, Taayush, Breaking the silence, da anni danno voce a chi voce, dentro le istituzioni israeliane, non ha. I palestinesi dei territori occupati: attraverso assistenza legale, campagne di sensibilizzazione, redazione di rapporti sugli abusi da parte israeliana, hanno in alcuni casi un impatto, ritardando ordini di demolizione e confisca o raccogliendo l'interesse delle opinioni pubbliche straniere.

Ma la maggioranza silenziosa d'Israele non li conosce né conosce la loro narrativa. Non è un caso che il movimento che mobilitò come mai prima la società israeliana, le tende del 2011 che per settimane portarono nelle piazze decine di migliaia di persone contro il carovita, non abbia mai inserito nel proprio discorso le spese per la colonizzazione, i privilegi dei coloni e il budget militare.

Una visione apparentemente schizofrenica, frutto del radicamento dell'immagine della "Grande Israele" e dei suoi bisogni di espansione e rafforzamento, che non trova dall'altra parte una voce altrettanto forte di critica e alternativa. «Perché lasciano i territori del 1948 e vengono in quelli del 1967 per

---

15   Intervista rilasciata nel maggio 2014.

sostenere i palestinesi? – si chiedeva su *Al Jazeera* un anno fa Amany Khalifa, attivista palestinese della rete Grassroots Jerusalem –. Non dovremmo aspettarci che parlino con le loro comunità? È molto più facile parlare ai palestinesi. Vanno a una protesta e dopo sanno che ci sarà una *maqlubeh* ad aspettarli. Sanno che i palestinesi li accoglieranno. Ma è la lotta in casa che gli fa venire il mal di testa».[16]

Ad oggi a vanificare la possibilità di una rete unica sono le differenze ideologiche delle diverse realtà, in alcuni casi rigettate dagli stessi palestinesi: se alla base delle rivendicazioni palestinesi ci sono il ritorno dei profughi e il diritto all'autodeterminazione, ciò che si discosta da tale visione è tacciato di "normalizzazione", di essere un'attività comune che non mette in discussione la relazione coloniale tra i due popoli (polo opposto del concetto – introdotto più recentemente dai movimenti israeliani anti-sionisti – di "resistenza comune").

Quella che Alaa Tartir, direttore del think tank al-Shabaka, ha definito «l'industria della pace», la comparsa come funghi di iniziative congiunte culturali, sociali o economiche che permettono di accedere ai generosi finanziamenti stranieri in nome della pace, svuotata però del concetto basilare di giustizia.

16   Cfr *Al Jazeera*, http://www.aljazeera.com/news/2016/05/palestine-israel-peace-activism-serving-occupation-160502124739652.html.

Capitolo sei

Gerusalemme

Gerusalemme, città dalle pietre bianche che brillano all'alba e raccontano una storia millenaria, ricca di suggestioni. Gerusalemme, luogo santo per cristianesimo, ebraismo e islam, amata, sognata, adorata da centinaia di milioni di uomini e donne in tutto il mondo. Gerusalemme, città di dolore, teatro di battaglie e ragione di conflitti sanguinosi e intermibabili. Gerusalemme, reclamata da popoli diversi lungo tutta la sua storia.

Complessità e centralità della "città santa" emersero prepotenti al termine dei combattimenti nel giugno del 1967, quando Israele occupò la zona araba, est, inclusa l'area storica all'interno delle mura, rimasta tra il 1948 e il 1967 sotto il controllo del regno giordano. I dirigenti israeliani, senza l'approvazione della comunità internazionale, la proclamarono subito "capitale sacra ed indivisibile" e attribuirono allo Stato ebraico un diritto esclusivo su di essa. In ragione, affermarono – e così affermano i leader politici attuali – dei legami religiosi e storici del popolo ebraico con la città. Una legge ad hoc approvata dalla Knesset ha ufficializzato, all'inizio degli anni Ottanta, l'annessione di Gerusalemme est a Israele e lo "status" di capitale dell'intera città, ancora senza un riconoscimento internazionale.

Nei passati cinquant'anni tutti i governi israeliani, di centrosinistra e di destra, hanno ribadito che in qualsiasi accordo con i palestinesi e i paesi arabi Gerusalemme resterà unita sotto il controllo dello Stato di Israele. Una posizione contestata dai palestinesi che, affermando a loro volta legami storici e religiosi con Gerusalemme, reclamano la restituzione della zona araba, "capitale" del loro fututo Stato indipendente.

Dal 1967 a oggi Israele ha trasformato il volto di Gerusalemme, insediando oltre duecentomila suoi cittadini nella parte orientale della città, in colonie che hanno spezzettato il territorio sul quale si estendeva la zona araba. Sono state introdotte versioni diverse della storia passata e con esse nuove divisioni all'interno della città. Questi progetti vanno avanti, senza sosta, infrangendo le leggi e le decisioni internazionali, a cominciare dalla risoluzione 181 dell'Onu, senza tenere in alcun conto la posizione degli altri paesi che, a loro volta, mantengono le proprie ambasciate a Tel Aviv. Per questo, sebbene il libro sia stato concepito con l'intento di raccontare il presente spiegando il passato, nel caso di Gerusalemme è stata fatta una scelta diversa, in modo da offrire ai lettori un quadro di ciò che propone il futuro della città: abbiamo affidato a Nur Arafeh, ricercatrice del think tank al-Shabaka, da tempo impegnata ad analizzare e studiare le forzate trasformazioni della città, il racconto di cosa le autorità israeliane hanno progettato per il futuro della città santa e cosa sta accadendo da cinque decenni a Gerusalemme est.

***

Panoramica dei tre master plan israeliani per Gerusalemme[1]

Nel 1995, Edward Said scrisse: «Solo tracciando un'idea precisa di Gerusalemme, Israele potrà realizzare quei cambiamenti fattivi» che «corrispondono alla sua proiezione della città».[2]

Ma qual è questa "idea" da qui a trent'anni e come si intende trasformarla in realtà? Tre sono i progetti chiave, da cui si

---

1   Il testo di questo capitolo è stato tradotto da Romana Rubeo.

2   E. Said., *Projecting Jerusalem*, «Journal of Palestine Studies»,Vol. 25, No.1, 1995, pp. 5-14.

evince la visione di Israele da qui al 2050: la città dovrà diventare una destinazione turistica ipertecnologica, con una presenza minima di palestinesi. La graduale realizzazione di questi progetti fa il paio con la totale mancanza di progettualità e con un vuoto istituzionale e di rappresentanza che caratterizza i quartieri di Gerusalemme est.

Israele ha elaborato migliaia di progetti per Gerusalemme, ma tre di questi sono particolarmente significativi per dedurre l'"idea" di fondo della città e i mezzi per metterla in pratica. Il più famoso è sicuramente il "Jerusalem 2000 master plan" o "2020 master plan".[3] Redatto da una commissione urbanistica ministeriale e pubblicato nel 2004, è il primo, dettagliato progetto urbanistico che comprenda sia Gerusalemme est che Gerusalemme ovest dopo l'occupazione della parte orientale della città, nel 1967. Sebbene non sia stato ancora approvato né sottoposto a revisione pubblica, le autorità israeliane lo stanno già, di fatto, attuando. Prende in esame diverse zone della città, da vari punti di vista: la pianificazione urbanistica, il turismo, l'economia, l'archeologia, l'istruzione, l'ambiente, i trasporti, l'arte e la cultura.

Un altro progetto, non altrettanto famoso, è il "Marom plan", commissionato dal governo per la promozione di Gerusalemme, che dovrebbe essere realizzato dalla Jerusalem development authority (Jda),[4] importante istituto del Comune gerosolimitano, dall'agenzia del demanio e da altri organismi.

Il Jerusalem institute for Israel studies (Jiis),[5] centro di ricerca multidisciplinare che svolge un ruolo fondamentale nella definizione delle politiche di pianificazione e sviluppo a Gerusalemme, è stato incaricato di gestire le fasi di ricerca e monitoraggio.

3   Il progetto è disponibile online in ebraico e in arabo presso la Civic Coalition for Defending the Palestinians' Rights di Gerusalemme; questo articolo prende in esame il "Local Outline plan"- Report N.4, disponibile sul sito del Comune di Gerusalemme.

4   [Autorità per lo sviluppo di Gerusalemme, *n.d.t.*]

5   [Istituto di Gerusalemme per gli studi israeliani, *n.d.t.*]

Il terzo piano di sviluppo è il "Jerusalem 5800 master plan", anche noto come "Jerusalem 2050",[6] iniziativa privata finanziata dall'australiano Kevin Bermeister, immobiliarista e imprenditore nel settore delle nuove tecnologie. È noto per essere l'unico progetto a lungo termine: delinea, infatti, obiettivi e proiezioni fino al 2050. Viene descritto come il «master plan che cambierà il volto di Gerusalemme» ed è diviso in diversi progetti indipendenti, ognuno dei quali realizzabile anche individualmente, con altri enti locali o agenzie governative.

Sebbene questi progetti siano stati proposti da attori molto diversi tra loro, che provengono da settori differenti, hanno tutti un comune denominatore: mirano alla giudaizzazione di Gerusalemme. Tendono cioè a espandere e rafforzare il controllo politico, demografico, economico e territoriale degli ebrei e, parallelamente, ad allontanare i palestinesi e a espropriare i loro beni. Per il raggiungimento di questo obiettivo, tutti i progetti si focalizzano su quattro settori: turismo, istruzione superiore, nuove tecnologie e pianificazione urbanistica.

La costruzione di una città internazionale ebraica

Lo sviluppo del settore turistico a Gerusalemme è il fulcro delle prospettive strategiche relative alla città. Ad esempio, nel piano noto come "master plan 2000/2020", il Comune di Gerusalemme intende promuovere il turismo e in particolare gli aspetti culturali della città. È dunque prevista una campagna di marketing, tesa a potenziare lo sviluppo immobiliare, a sostenere un tipo di turismo internazionale e urbano e a investire nelle infrastrutture, per garantire il consolidamento del settore.

Allo stesso modo, uno dei principali obiettivi del "Marom plan" è quello di rendere Gerusalemme una città turistica. Sui

---

6   Maggiori informazioni sul "Jerusalem 5800 master plan" possono essere reperite sul sito ufficiale del progetto: http://www.jerusalem5800.com/.

diciotto studi condotti nel 2014 dal Jerusalem institute for Israel studies (Jiis), ben quattordici erano incentrati sul settore del turismo. L'istituto di ricerca li ha presentati al Comune di Gerusalemme, al Ministero con delega agli affari della diaspora e all'Autorità per lo sviluppo di Gerusalemme (Jda), che offre anche incentivi a imprenditori e imprese, per incoraggiarli a costruire o ad ampliare le strutture alberghiere della città e a organizzare eventi culturali per attirare turisti.

La promozione del settore turistico è centrale anche nel master plan "Jerusalem 5800", che descrive Gerusalemme come «la principale risorsa e attrattiva turistica del Medio oriente». Il piano è orientato verso i seguenti obiettivi: aumentare il volume degli investimenti privati e incoraggiare la costruzione di strutture ricettive; realizzare giardini pensili e parchi; trasformare le zone che circondano la Città Vecchia in hotel e vietare la circolazione dei veicoli; costruire una rete stradale efficiente; edificare un aeroporto nella valle di Horkania tra Gerusalemme e il Mar Morto, con un traffico annuo di trentacinque milioni di passeggeri.

Tuttavia, il settore del turismo non è visto solo come volano per lo sviluppo economico, ma anche come uno strumento fondamentale per imporre una narrativa giudaica della Terra Santa. Israele impone parametri molto rigidi per la scelta delle guide turistiche e per il tipo di informazioni che i turisti devono recepire.

Ai piani di sviluppo turistico israeliani sono state affiancate azioni tese a ostacolare l'industria turistica palestinese a Gerusalemme est. Israele ha posto tutta una serie di impedimenti: isolamento della parte orientale della città dai territori palestinesi occupati, soprattutto in seguito alla costruzione del muro; indebolimento della rete di infrastrutture; aumento delle imposte; riduzione del territorio; misure restrittive sul rilascio dei permessi di costruzione di hotel o di riconversione di edifici preesistenti in strutture ricettive; inasprimento delle pastoie burocratiche per l'ottenimento di licenze da parte delle imprese turistiche palestinesi.

Di conseguenza, il numero di hotel nel governatorato di Gerusalemme è diminuito del 41% tra il 2009 e il 2016.[7] Alcune strutture alberghiere di Gerusalemme est sono state trasformate in uffici, come nel caso del Mount Scopus Hotel. Anche il numero di turisti che soggiornano nei territori palestinesi occupati o a Gerusalemme est è diminuito sensibilmente: dal 48% nel 2009 al 23% durante il primo semestre del 2016.[8]

Creare una destinazione ebraica per l'istruzione superiore e l'high-tech

Altro obiettivo comune a tutti e tre i piani è attirare a Gerusalemme ebrei provenienti da ogni parte del mondo, attraverso la promozione di due settori avanzati.

Il primo è quello dell'istruzione superiore. Uno degli obiettivi del "master plan 2000/2020" è la fondazione di un'università internazionale nel centro della città, in cui l'inglese sia la lingua principale dei corsi. Il "Marom plan" intende fare di Gerusalemme «un'importante città accademica», che attragga studenti internazionali ed ebrei. Anche il master plan "Jerusalem 5800" individua nel settore dell'istruzione superiore un'opportunità per creare posti di lavoro e raggiungere un adeguato livello di crescita economica, grazie alle lunghe permanenze degli studenti in città.

Il secondo settore che questi piani tendono a valorizzare è quello legato all'high-tech, alla bioinformatica e all'industria biotecnologica. Il "master plan 2000/2020" prevede la creazione di una facoltà universitaria per la gestione e lo sviluppo tecnologico nel centro di Gerusalemme e il sostegno governativo ai settori della ricerca e dello sviluppo, nei campi dell'high-tech e delle biotecnologie. Con gli stessi intenti, il "Marom plan"

---

7 Comunicato stampa del Palestinian central bureau of statistics.

8 *Ivi.*

vuole promuovere Gerusalemme come centro delle attività di ricerca nel settore delle biotecnologie. Anche il master plan "Jerusalem 5800" intende investire nei settori dell'high-tech e dell'industria sanitaria.

Mentre Israele intende porre Gerusalemme come centro delle sue attività economiche, attirando ebrei da tutto il mondo e creando per loro concrete opportunità professionali, l'economia di Gerusalemme est è praticamente al collasso. Si assiste, infatti, a una contrazione degli scambi commerciali; a un generale indebolimento delle infrastrutture fisiche ed economiche; a una mancanza di investimenti; a fenomeni di deindustrializzazione e deterioramento della capacità produttiva; infine, il settore turistico è tenuto sotto scacco dagli operatori israeliani.

La conquista della terra attraverso la pianificazione urbanistica

Dopo l'occupazione e l'annessione illegale di Gerusalemme est nel 1967, Israele ha usato la pianificazione urbanistica come uno strumento geopolitico e strategico per contenere l'espansione demografica e urbana dei palestinesi, nel tentativo costante di "giudaizzare" la città. Le politiche israeliane avevano l'obiettivo di aggirare la "minaccia demografica" palestinese e questo obiettivo si è realizzato in più modi: con l'annessione illegale di 70 chilometri quadrati di territorio in Cisgiordania, compreso quello di Gerusalemme est (6.5 chilometri quadrati) nel 1967; con la definizione dello status dei palestinesi come di "residenti permanenti", e la possibilità, per le autorità israeliane, di revocarne i documenti di residenza; con la concessione ai palestinesi di costruire solo su una porzione di territorio di Gerusalemme est pari al 13%, mentre il 35% è stato confiscato per gli insediamenti coloniali israeliani; con la demolizione delle abitazioni palestinesi; con l'espansione degli insediamenti israeliani.

La pianificazione urbanistica è centrale anche nel "master plan 2000/2020". Sebbene questo piano si presenti come meramente tecnico e non faccia mai riferimento all'occupazione di Gerusalemme est, è un documento di natura politica, che sfrutta la pianificazione urbanistica come strumento politico per garantire il controllo demografico e territoriale della città da parte degli ebrei. Infatti, uno degli obiettivi dichiarati del piano, che vede Gerusalemme come una città indivisibile e come capitale di Israele, è l'espansione degli insediamenti coloniali a Gerusalemme est e la riduzione della migrazione negativa, per «il mantenimento di una solida maggioranza ebraica nella città». Il piano mira pertanto alla moltiplicazione delle unità abitative per gli ebrei israeliani, attraverso la costruzione di nuovi quartieri residenziali o la densificazione edilizia di quelli esistenti.

Il progetto, riconoscendo la profonda crisi abitativa e la debolezza delle infrastrutture nelle zone palestinesi di Gerusalemme, auspica la densificazione edilizia dei villaggi rurali e dei quartieri urbani. Tuttavia, la sua stessa natura è profondamente discriminatoria nei confronti dei palestinesi. Ai palestinesi vengono infatti concessi solo duemilatrecento dunum edificabili, contro i novemilacinquecento concessi agli ebrei israeliani,[9] senza considerare il tasso di crescita palestinese a Gerusalemme est e la crescente penuria di abitazioni per i palestinesi.

Inoltre, il 62,4% dell'aumento di edifici per ebrei israeliani avverrà attraverso l'espansione o la costruzione di nuovi insediamenti, con un conseguente incremento del controllo territoriale. Per contro, oltre la metà (precisamente il 55,7%) dell'aumento di edifici palestinesi avverrà attraverso la densificazione edilizia (espansione verticale), all'interno delle aree urbanizzate già esistenti.[10]

Inoltre, l'obiettivo di porre riparo alla crisi abitativa di Gerusalemme est è destinato a rimanere lettera morta, a causa dei concreti ostacoli che ne impediscono la realizzazione. Affinché

---

9   R. Nasrallah, *Planning the Divide: Israel's 2020 master plan and Its Impact on East Jerusalem*, in M. Turner, O. Shweiki (a cura di), *Decolonizing Palestinian Political Economy. De-Development and Beyond*, Palgrave Macmillan, Basingstoke 2014.

10   F. Chiodelli, *The Jerusalem master plan: Planning into the conflict*, «Jerusalem Quarterly», Issue n. 51, 2012.

le autorità israeliane possano rilasciare le concessioni edilizie, dovrebbero verificarsi delle precondizioni: una rete stradale adeguata;[11] aree adibite a parcheggi; reti idriche e fognarie; presenza di edifici e istituzioni pubbliche. Tali requisiti dovrebbero essere garantiti dal Comune e questo renderà praticamente impossibile per i palestinesi costruire nuove abitazioni.[12]

La presenza palestinese a Gerusalemme sarà fortemente limitata per via di un altro obiettivo dichiarato del piano: «un giro di vite sulle leggi e i regolamenti, per impedire il fenomeno dell'abusivismo edilizio». Secondo il quotidiano israeliano *Haaretz*, nel corso degli ultimi anni, ai palestinesi è stato rilasciato solo il 7% delle concessioni edilizie e i due terzi del totale sono stati riservati al quartiere di Beit Hanina.[13] Questa politica discriminatoria, combinata ai costi elevati per ottenere le concessioni (circa trentamila dollari), ha spinto molti palestinesi a costruire senza rispettare le regole.

Pianificazione, leadership palestinese e vuoto istituzionale a Gerusalemme est

Mentre Israele pianifica le sue azioni fino al 2050, la "visione" di Gerusalemme da parte dell'Autorità nazionale palestinese (Anp) resta vaga. Il dipartimento di Gerusalemme presso l'ufficio della presidenza ha pubblicato nel 2010 lo "Strategic Multi-Sector Development plan for East Jerusalem (Smdp) 2011-2013".[14] L'attuale piano di sviluppo nazionale dell'Anp per il triennio 2014-2016 non prevede una sezione specifica per

---

11   Le concessioni edilizie per edifici di sei piani sono rilasciate solo se la strada di accesso ha un'ampiezza pari a dodici metri.

12   R. Nasrallah, *op. cit.*

13   N. Hasson, *Only 7% of Jerusalem building permits go to Palestinian neighborhoods*, «Haaretz», 7 dicembre 2015, http://www.haaretz.com/israel-news/. premium-1.690403.

14   [Piano strategico di sviluppo multisettoriale per Gerusalemme est 2011-2013 *n.d.t.*]

Gerusalemme est e fa solo riferimento al piano del 2010, che dovrebbe essere aggiornato dal dipartimento.

Questa mancanza di pianificazione fa il paio con un vuoto istituzionale e dirigenziale. Dal 2011 a oggi, Israele ha chiuso oltre trenta istituzioni palestinesi, tra cui l'Orient House e la Camera di commercio e dell'industria araba, per operare un giro di vite sulla città e tenere sotto controllo l'attivismo palestinese. Le sedi del Governatorato di Gerusalemme e del Ministero per gli affari di Gerusalemme si trovano in un edificio ad Al-Ram, al di fuori dei confini della città stabiliti dallo stesso Israele e il loro raggio d'azione su Gerusalemme è molto limitato. A Gerusalemme est, si avverte anche un forte senso di abbandono da parte della politica. Basti pensare che, sebbene sia considerata la capitale dello Stato palestinese, l'Anp ha destinato solo lo 0,44% del bilancio al Ministero per gli affari di Gerusalemme e al Governatorato nel 2015, limitandone ancora di più il ruolo strategico.

Capitolo sette
La resistenza palestinese

Mitizzare la resistenza popolare palestinese è pratica comune: un fascino che ha legato in Europa generazioni di attivisti, movimenti di base, associazioni politiche. L'immagine del palestinese che lancia una pietra, la kefiah al collo o a coprirsi il volto, è un simbolo intramontabile che ha ispirato lotte anticolonialiste in tutto il mondo, romantico squarcio su un'occupazione brutale ma non invincibile.

Sulla parola Intifada sono state scritte canzoni, costruiti slogan. La kefiah è diventata tanto popolare da diventare un accessorio alla moda, la sua storia offuscata dai colori dell'arcobaleno e le tinte pastello. A volte poco resta della profondità, delle sfaccettature, contraddizioni e trasformazioni del movimento di resistenza popolare palestinese, soffocato dallo stereotipo e l'appiattimento.

Eppure si tratta di un movimento centenario, che ha attraversato epoche e colonialismi diversi, autorità dominanti e occupazioni che si sono alimentate a vicenda. Oggi cosa resta di cento anni di resistenza? Come si realizza, si esplica? Il movimento di liberazione ha vissuto nella sua storia alti e bassi, apici e depressioni, lotta armata e resistenza nonviolenta (categoria europea spesso rigettata dal popolo palestinese che, in arabo, la definisce popolare, *al muqawama al sha'biyeh*). A cinquant'anni dall'occupazione militare dei territori, la società palestinese vive un momento particolare, nuovo rispetto al passato, caratterizzato da un maggiore individualismo e un ripiegamento della vita collettiva tipica del mondo arabo e tradizione millenaria anche in Palestina.

A monte sta la frammentazione della società imputabile alle politiche neoliberiste imposte dall'Autorità nazionale palestinese. Da un bar di Ramallah, città-bolla della fittizia crescita palestinese, il sociologo Jamil Hilal[1] va dritto al punto: «Si è creata una situazione contraddittoria: se da una parte i palestinesi non hanno mai vissuto una repressione tanto ampia, una colonizzazione e un livello di apartheid tanto selvaggi e un'umiliazione tanto profonda dei propri diritti come negli ultimi anni, dall'altra l'individualizzazione della società, la mancanza di una leadership e la frammentazione delle fazioni politiche impediscono lo scoppio di una vera sollevazione popolare sul modello della prima Intifada. E anche se il gap tra ricchi e poveri non è mai stato così ampio (il livello di diseguaglianza economica e sociale si è ampliato come mai prima), si sta assistendo a una localizzazione della lotta: ogni villaggio resiste per sé, per la propria situazione specifica, ma non c'è un movimento unico contro l'occupazione in sé».

Hilal ne è convinto, tutto è partito da Oslo: se per Israele non ha significato un cambio delle proprie politiche ma, al contrario, un'intensificazione del processo coloniale e della repressione del movimento popolare e dell'identità palestinese, la società occupata ha vissuto un processo di individualizzazione. Una contraddizione che in questo periodo si traduce in azioni individuali, dagli attacchi a soldati e coloni israeliani agli scioperi della fame in solitaria, mentre le politiche repressive israeliane si sono fatte sempre più collettive.

«Un fattore importante da analizzare è la natura della classe media palestinese che, a differenza di quelle di altri paesi, è dipendente dall'Anp e dai suoi stipendi – continua Hilal –. La classe media, che riceve un'educazione media e il cui capitale sono le capacità e la professionalità, è quella che in molti paesi spinge per il cambiamento e guida la mobilitazione a

1   Intervista rilasciata nell'estate del 2014.

cui prende parte anche la classe lavoratrice. Nei territori la sua natura è stata modificata, resa dipendente dal governo e dalle banche che ne hanno ampliato la grandezza a scapito della classe operaia ridotta al 10% della popolazione e difficile da organizzare perché divisa fisicamente. Allo stesso tempo, però, ne ha contratto le sensibilità: oggi quella classe media, che si avvicina a quella alta e si allontana dalla bassa, non è pronta a rischiare il proprio benessere, dipendente da Ong e Anp, senza conoscere i risultati di un'eventuale azione popolare».

«Il denaro che regge la società palestinese tramite le Ong e l'Anp, i principali datori di lavoro, arriva dai donatori internazionali che chiuderebbero i rubinetti nel caso di una sollevazione popolare. L'economia interna sarebbe paralizzata e il lavoro della classe media sarebbe il primo ad esserne investito. La classe media vuole, al contrario, stabilità. E una vera Intifada è l'opposto della stabilità, un periodo nel quale si deve essere organizzati ma anche pronti a perdere nell'immediato i propri interessi individuali a favore di quelli collettivi che arriveranno a realizzarsi, forse, solo nel lungo periodo».

È un fatto che la secolare storia della resistenza popolare palestinese alle diverse forme di colonialismo e occupazione subite sia stata caratterizzata da strategie differenti, dettate dal contesto storico ma anche dalla presa di coscienza del potere effettivo in mano alla base. Ciò ha fatto sì che la lotta armata abbia rappresentato una porzione minima del movimento di liberazione nazionale, riconducibile a determinati periodi storici e identificabile in gruppi numericamente limitati.

Se il diritto internazionale riconosce a un popolo occupato il diritto alla resistenza con ogni mezzo che ritenga opportuno, a prevalere nel corso del Novecento e nei primi due decenni del Duemila è stata la resistenza popolare non armata. Toccando apici di estrema organizzazione durante gli anni ispirati della prima Intifada, con l'applicazione di forme elevate di disobbedienza civile e autogestione, oggi a ventitré anni dagli accordi di Oslo (da molti considerati la pietra tombale di quella straordinaria sollevazione di popolo) il movimento vive uno stallo.

«Dal 2010 la teoria riguardo l'efficacia della resistenza popolare non armata e l'importanza del suo ruolo per la fine dell'occupazione ha raggiunto un consenso maggiore, permettendo la sua pratica organizzata seguendo una strategia chiara, specialmente dopo il fallimento dei tentativi per i "negoziati di pace" e del vuoto crescente nelle relazioni di fiducia tra autorità e massa – scriveva nel gennaio 2016 sul quotidiano libanese *As-Safir* il ricercatore Hamze Jammoul –. D'altra parte [...] il movimento di resistenza popolare palestinese è caratterizzato dall'assenza di una strategia chiara e dall'assenza di coordinamento tra le diverse reti sociali che praticano azioni di resistenza pacifica. [...] Il divario tra autorità e massa contribuisce al declino della fiducia, fattore necessario al successo di qualsiasi resistenza popolare e questo spinge verso la crescita del fenomeno di iniziative armate o di azioni pacifiche individuali».[2]

Specchio dell'individualizzazione della resistenza popolare è il fenomeno delle manifestazioni settimanali contro il muro e le colonie, organizzate da circa un decennio dai comitati popolari in singoli villaggi: se in alcuni casi ha condotto a vittorie importanti (come a Bil'in, che ha ottenuto dalla Corte suprema israeliana il riconoscimento della proprietà delle terre destinate a muro e colonie e dunque lo spostamento del tracciato della barriera israeliana), a emergere è la natura particolare delle azioni intraprese.

Pur esistendo una federazione dei comitati popolari, il Popular Struggle Coordination Committee, impegnato nell'organizzazione di attività comuni in determinate ricorrenze o in risposta a specifici eventi, gli ultimi anni sono stati teatro di una perdita di fiducia da parte della popolazione palestinese dei territori verso questa forma di resistenza: considerata poco organizzata e priva di una strategia di lungo periodo; percepita come frammentata nelle rivendicazioni e separata in leadership concorrenti che tirano per la giacca fondi e visibilità; in alcuni casi svuotata dall'invasione di Ong straniere e locali che hanno

---

2   Traduzione a cura di Federico Seibusi su *ArabPress*, gennaio 2016.

assorbito molte delle figure di spicco della resistenza di base; e (nel caso di alcuni leader) macchiata dalla vicinanza o l'appartenenza alle fila dell'Autorità nazionale palestinese o da accuse di corruzione e abuso della propria posizione a fini personali.

Ma soprattutto poco efficace: dalla fine della seconda Intifada ad oggi, nonostante piccoli e limitati successi, la resistenza messa in piedi dai comitati non è riuscita a trasformarsi in un movimento di massa, ma ha visto assottigliarsi anno per anno il numero di partecipanti alle manifestazioni di protesta lungo il muro, i checkpoint o le colonie israeliane. Si è piuttosto assistito alla nascita di «sacche localizzate di resistenza in risposta a minacce immediate al benessere e lo stile di vita della popolazione locale».[3] La conseguenza diretta è la disillusione, palpabile negli ultimi mesi del 2015 e la prima metà del 2016 quando alle proteste dei giovani – sulla spinta degli attacchi individuali compiuti per lo più a Gerusalemme – la società civile (masse erose da decenni di fittizio processo di pace, frustrate dal peggioramento costante delle proprie condizioni di vita) non ha reagito. Tristemente consapevole di «non poter effettivamente raggiungere la società israeliana o la leadership che potrebbe porre fine all'occupazione».[4]

La lotta armata per ricostruire l'identità perduta

Gli anni immediatamente precedenti all'occupazione del 1967 sono segnati dalla disillusione – a quasi vent'anni dalla Nakba – sull'effettiva volontà del mondo arabo di contrastare il progetto coloniale israeliano. La presa di coscienza scuote i palestinesi, usciti da due decenni di frustrazione, confinati in campi profughi, alle prese con la difficile ricostruzione della propria identità di popolo in diaspora.

3   M. Darweish, A. Rigby, *Popular protest in Palestine. The history and the uncertain future of unarmed resistance*, Pluto Press, Londra 2015.

4   Thimna Bunted, *972mag.com*, 7 marzo 2016.

È il 1964 quando l'Olp, l'Organizzazione per la liberazione della Palestina, viene fondata. Un anno dopo Fatah (nata nel 1959) annuncia l'avvio della lotta armata contro Israele. Pochi mesi dopo l'occupazione di Gerusalemme, Gaza e Cisgiordania vede la luce il Fronte popolare per la liberazione della Palestina, Fplp, la formazione marxista-leninista panaraba fondata dal medico cristiano George Habbash.[5] Dalle costole del Fplp (che dopo un anno di attività aveva già all'attivo tremila combattenti) negli anni a seguire nasceranno altre formazioni di sinistra: il siriano Flpl-General Command; il Fronte democratico, Fdpl; il Fronte popolare rivoluzionario.

Sotto l'ombrello dell'Olp si ritrovano in breve tempo gruppi di ispirazione politica diversa, operanti dall'esilio, in paesi che mal li tolleravano ma di cui con il tempo si fanno aghi della bilancia. I bracci armati di Fatah e Fplp arrivano a controllare quartieri, campi profughi, intere aree nelle città libanesi, giordane, siriane.[6] Divengono modello di lotta armata per gruppi indipendentisti, socialisti e comunisti in Europa, tanto da accogliere combattenti stranieri da addestrare.

Ma soprattutto diventano strumento identitario, cemento di una non-società, di un popolo disperso che doveva ricostruire l'immagine di sé. «La lotta armata fornì il filo conduttore e la pratica intorno a cui la costruzione della nazione palestinese si svolse – scriveva nel 1996 Yezid Sayigh, professore al Carnegie Middle East Center di Beirut e membro del team negoziatore del Gaza-Jericho agreement del 1994 –. L'assenza di un'unica base territoriale, economica e sociale significava che non esistevano più le basi di un'arena politica comune, con modalità

---

5   Rifugiato originario di Led, è stato segretario del Fplp fino al 2000 quando si è ritirato per motivi di salute. È sotto la sua leadership che il Fronte divenne noto in tutto il mondo a seguito di operazioni come il dirottamento di aerei e attacchi a compagnie e ambasciatori israeliani all'estero.

6   Consigliamo la consultazione del libro di Robert Fisk, *Il martirio di una nazione. Il Libano in guerra*, Il Saggiatore, Milano 2010. Il giornalista inglese racconta nel dettaglio le azioni, le contraddizioni e i ripiegamenti dei gruppi armati palestinesi presenti in Medio oriente, dalla fine degli anni Sessanta al "settembre nero", fino all'invasione israeliana del paese dei cedri.

concordate di competizione e strumenti strutturati di selezione di una nuova generazione di leader».[7]

«Anche nel momento di pieno vigore tra il 1968 e il 1970, la guerriglia non contava più di diecimila [uomini]. Più significativo è stato il contributo dato dalla lotta armata al processo storico di costruzione nazionale palestinese». In primo luogo, spiega Sayigh, ha aiutato alla riedificazione post-Nakba dell'identità di popolo, una riaffermazione dell'esistenza dei palestinesi e dei loro obiettivi di indipendenza e libertà. Allo stesso tempo ha garantito uno spazio "nazionale" alla resistenza, togliendo il monopolio del confronto con Israele all'immobilismo arabo. La presenza e l'operatività della guerriglia palestinese tra Siria, Libano e Giordania viene avallata dai governi locali, che garantiscono spazi di autonomia al confine con il territorio israeliano, fino alle rotture del 1970 e del 1982.

I partiti palestinesi e i loro bracci armati si fanno piccoli Stati negli Stati: il proliferare di uffici nei campi profughi, nelle principali città mediorientali e nei villaggi permette la creazione di una rete sociale che ha un doppio obiettivo, politico-identitario e assistenziale. L'Olp, che racchiude dentro di sé le principali fazioni, si adopera per fornire, attraverso di esse, servizi e sostegno economico, assistenza sanitaria e un embrione di welfare ai profughi palestinesi. Al rifornimento di armi e alla ricerca di finanziamenti si affianca lo sviluppo di una rete territoriale che mantenga i contatti con la Palestina storica, lanci azioni armate contro Israele e, allo stesso tempo, gestisca strutture politiche e socio-economiche.[8]

Ancora oggi trentacinquemila famiglie di palestinesi uccisi dall'esercito israeliano o morti in attacchi suicidi e azioni armate ricevono il sostegno finanziario del Palestinian National Fund, il principale ente economico dell'Olp con un bilancio

7   Yezid Sayigh, *Armed Struggle and State Formation*, «Journal of Palestine Studies», Vol. 26, No. 4, 1997.

8   Cfr. M. Hassassian, *From Armed Struggle to Negotiation*, «Palestine-Israel Journal», Vol. 1, No. 1, gennaio 1994.

di centoventicinque milioni di dollari. A marzo di quest'anno Israele, in occasione della visita dell'inviato Usa dell'amministrazione Trump, Jason Greenblatt, ha inserito il cosiddetto "fondo dei martiri" nella lista delle organizzazioni terroristiche, accendendo le proteste della leadership palestinese. Non solo: Israele ha annunciato di voler prendere misure non meglio identificate per confiscare proprietà e beni del Palestinian National Fund, i cui uffici centrali si trovano in Giordania.

Ma è proprio tramite simili agenzie che l'Olp tenta di salvaguardare la sua stessa natura, le ragioni della propria fondazione: la rappresentanza di tutti i palestinesi, dentro e fuori i confini della Palestina storica, ruolo abortito con la nascita dell'Anp. Un ruolo forgiato non solo dai riconoscimenti diplomatici e i rapporti regionali e internazionali, ma anche dalle armi e dalla cooptazione – sotto un'ala unica, ma al tempo stesso plurale – dei gruppi politici frutto della diaspora.

La lotta armata è stato «un processo centrale, onnicomprensivo e multidimensionale, [il modo] in cui abbiamo avviato la ricostruzione del nostro popolo e riaffermato la sua identità nazionale, per poter raggiungere gli obiettivi del ritorno e la liberazione della terra. Abbiamo inteso la lotta armata come processo integrato che coinvolge tre dimensioni: organizzazione, produzione e combattimento». Così Khalil al-Wazir, meglio noto come Abu Jihad,[9] analizzava la natura della resistenza armata palestinese nel 1985.

Khaled e Habed, generazioni in prigione

Tra Khaled e Abed passano quasi quattro decenni, quarant'anni tra l'apertura delle due porte cigolanti di una cella israeliana. Le loro storie raccontano la repressione delle spinte

---

9   Rifugiato originario di Ramla, co-fondatore di Fatah e braccio destro di Arafat dentro l'Olp, ebbe un ruolo di primo piano in Giordania prima e in Libano poi. Esiliato a Tunisi nel 1986, morì due anni dopo assassinato da un commando israeliano.

popolari palestinesi all'indipendenza e la libertà, storie sovrap-
ponibili a quelle di un milione di prigionieri politici transitati
per un carcere israeliano dopo il 1967.

Khaled ha trascorso ventitré anni dietro le sbarre. È entrato
nel 1990, è uscito alla fine del 2013. È entrato agli sgoccioli della
prima Intifada, poco prima che venisse tradita dagli accordi di
Oslo stipulati dalla leadership in esilio, ed è uscito qualche anno
dopo la seconda. Oggi è tornato a vivere nel campo profughi di
Aida, a Betlemme. Fuma un narghilè, la serata è calda. Le ampie
boccate, il fumo denso e odoroso, intervallano il racconto di una
disillusione, la cui trama aveva già preso forma in prigione.

«Dopo tanti anni, uscendo, i cambiamenti della società si
vedono con grande chiarezza. Quello che vedi è il fallimento
della società palestinese: la lotta non si è sviluppata. Dal 1936
usiamo gli stessi mezzi senza prospettive di lungo termine. La
mancanza di una leadership fa sì che le lotte restino separate, tra territori, Gerusalemme, Palestina '48 [l'attuale Stato di
Israele, *n.d.r.*], i rifugiati della diaspora».[10]

Nell'assenza della politica del post-Oslo, però, a muoversi
tra le pieghe di una società stanca e frammentata è il movimento dei prigionieri, un filo rosso ininterrotto che nonostante le
difficoltà e gli ostacoli posti dalla macchina repressiva israeliana è ancora oggi colonna vertebrale della lotta di liberazione.
Khaled sviscera il percorso che lo ha portato a sacrificare due
decenni di vita: «Ho partecipato alla mia prima manifestazione
a dieci anni. Cominci con i graffiti sui muri, prosegui con il lancio di pietre e arrivi alla resistenza armata».

Il carcere per molti è un passaggio obbligato, come in un
romanzo di formazione, l'ingresso in una società occupata e
resistente. Il *laissez-paisser* al mondo della politica attiva, al rispetto degli altri, al riconoscimento del ruolo di leader. Perché
nelle prigioni la vita politica non muore. Al contrario, si radi-
ca: dal 1967 il movimento dei prigionieri palestinesi è il perno del pensiero politico, della formazione dei nuovi leader e

---

10   Intervista rilasciata nella primavera 2014, a pochi mesi dal rilascio.

dell'educazione della base. In carcere, nelle sezioni spesso divise per partito politico di appartenenza o di ispirazione, si legge, si discute, si analizzano strategie e politiche, dentro e fuori, si organizzano proteste.

«Dentro la prigione la vita è estremamente organizzata – prosegue lentamente Khaled – Ci sono istituzioni collettive e ogni sei mesi si va alle elezioni. Ogni giorno si tengono lezioni di politica, storia, letteratura. In passato, i prigionieri che avevano frequentato la scuola insegnavano ai contadini a leggere e scrivere. E poi ci si mantiene in stretto contatto con le altre carceri: le comunicazioni sono frequenti, attraverso avvocati, familiari o detenuti che vengono trasferiti. Così si organizzano le azioni collettive, come gli scioperi della fame. Sono iniziati negli anni Settanta quando ci fu presa di coscienza dei metodi della repressione israeliana: imprigionare gli attivisti e i leader, nella visione israeliana, è il modo per spezzare il movimento di liberazione, per indebolirlo. Ma non ci sono mai riusciti».

Una lunga serie di proteste di massa che hanno cambiato forma e obiettivi con il tempo, ma che nella stragrande maggioranza dei casi hanno avuto come effetto immediato la reazione della società esterna che si è mobilitata in solidarietà con i propri detenuti. Non c'è famiglia o villaggio o quartiere nei territori occupati che non abbia avuto un parente, un amico, un conoscente, un padre o un fratello, arrestato dalle forze militari israeliane. Un collante fortissimo, indistruttibile, che mina alla base gli obiettivi della repressione: non si divide, ma spesso si unisce.

1974, 1976, 1984, 1992, 2004: sono solo alcuni degli scioperi di massa che hanno segnato la storia del movimento dei prigionieri politici palestinesi. Quello del 1984 è considerato un punto di passaggio, la miccia della prima Intifada: «Fino alla doccia fredda: gli accordi di Oslo. Ci privarono della nostra causa, la liberazione della Palestina storica, provocando un collasso del movimento dei prigionieri, che restò in una sorta di limbo fino al 2004 – conclude Khaled mentre aggiunge un paio di tizzoni al narghilè –. È inaccettabile proseguire nel cosiddetto processo di pace quando dietro le sbarre restano migliaia di prigionieri politici».[11]

***

Il percorso vissuto dal movimento dei prigionieri è in qualche modo speculare alla più generale lotta per l'indipendenza. Murad Jadallah è un ex prigioniero, arrestato ancora minorenne dalla sua casa di Beit Safafa, quartiere di Gerusalemme schiacciato tra le colonie israeliane. Una volta uscito, si è laureato e per anni ha lavorato come ricercatore legale per l'associazione Addameer, che da tempo si occupa di tutelare i diritti dei prigionieri politici e di monitorarne numero e condizioni di vita.

«Dall'inizio dell'occupazione militare ad oggi si possono individuare una serie di fasi. Dopo il 1967 è stato necessario del tempo prima che i prigionieri si organizzassero dentro le carceri israeliane – spiega Jadallah –.[12] All'inizio l'obiettivo immediato fu quello di combattere le condizioni di semi-schiavitù, il lavoro nelle prigioni per comprarsi beni di prima necessità. In due-tre anni nacque maggiore consapevolezza che portò a una maggiore organizzazione interna: si cominciò a chiedere il rispetto dei propri diritti come prigionieri politici e in particolare il trattamento previsto dalla convenzione di Ginevra».

Il movimento cresce, anche a causa del costante aumento del numero di detenuti, e si plasma alla situazione fuori: inizialmente le operazioni dell'Olp fuori dai confini della Palestina storica, in Siria, Libano, Giordania, fanno sì che a prevalere siano i prigionieri-rifugiati il cui obiettivo era uno scambio di detenuti con Israele. Non sentivano cioè la necessità impellente

---

11   Dati al gennaio 2017 (per aggiornamenti http://www.addameer.org/statistics): 6.500 prigionieri politici di cui 536 in detenzione amministrativa; 300 minorenni; 53 donne; 70 residenti nello Stato di Israele/Palestina '48; 510 a Gerusalemme est; 350 a Gaza; 4 parlamentari del Consiglio legislativo palestinese; 30 arrestati prima degli accordi di Oslo; 459 condannati a meno di 20 anni; 40 condannati a più di 20 anni; 17 condannati a più di 25 anni; 458 condannati all'ergastolo.

12   Intervista rilasciata nell'ottobre 2016.

di organizzarsi dentro le celle, restando in attesa del rilascio. È con la crescita del numero dei prigionieri "locali" che il movimento definisce i propri obiettivi e quindi la propria strategia.

«Dentro le prigioni ci si inizia a organizzare sulla base dell'appartenenza politica e partitica. E arrivano i primi scioperi della fame, all'inizio degli anni Settanta: è la prima fase del movimento, caratterizzata da decessi dovuti all'alimentazione forzata[13] imposta dai carcerieri». Il primo prigioniero a morire dopo essere stato nutrito con la forza è Abdul-Qader Abu al-Fahem, nel 1970 nel carcere di Ashkelon. Una forma di protesta estrema che mette in gioco il corpo, la salute, la capacità di resistenza fisica: i racconti dei digiuni di massa fatti da ex prigionieri mescolano forza di volontà individuale, sostegno collettivo e bramosa ricerca di supporto esterno, linfa vitale per una protesta di simili dimensioni.

Il prigioniero è pronto ad affrontare dolore e sofferenza, privazione e umiliazione. È il corpo a portare avanti la lotta, che potrebbe tradursi nella perdita della propria vita: "Martirio o libertà", è lo slogan che accompagna – silenzioso o gridato – le battaglie nelle carceri.

«Attraverso gli scioperi della fame, i prigionieri non sono più recipienti silenziosi per la continua violenza delle autorità carcerarie – scrive Basil Farraj –. Al contrario, infliggono violenza ai loro stessi corpi per imporre le loro richieste. In altre parole, gli scioperi della fame sono uno spazio fuori dal raggio di potere dello Stato di Israele. Il corpo del prigioniero che digiuna scuote una delle fondamentali relazioni di violenza dietro le mura di un carcere, quella in cui lo Stato di Israele e le autorità carcerarie controllano ogni aspetto della vita dietro le sbarre e sono gli unici generatori di violenza. I prigionieri ribaltano la relazione oggettiva e soggettiva con la violenza

---

13   Pratica vietata dal diritto internazionale (dall'art. 32 della IV convenzione di Ginevra, dagli artt. 7 e 8 dello statuto di Roma e dall'art. 2 della convenzione contro la tortura). Il 30 luglio 2015 il parlamento israeliano ha approvato una legge che legalizza tale trattamento, condannata dalla stessa Associazione medica israeliana.

fondendoli in un unico corpo, il corpo del detenuto in sciopero. Riaffermano il loro status di prigionieri politici, rifiutano la riduzione a "prigioniero per motivi di sicurezza" e reclamano i loro diritti e la loro esistenza».[14]

«La seconda fase – continua Jadallah – è quella che va dal 1972 ai primi anni Ottanta. Aumentano ancora i prigionieri provenienti dai territori occupati e il movimento diventa sempre più efficace, sia dentro che fuori: i legami con i combattenti in Siria e Libano permette la creazione di una rete più stabile, un continuo scambio di esperienze e tattiche. E poi c'è la terza fase, quella corrispondente alla prima Intifada: le carceri israeliane "ospitavano" dieci-quindicimila prigionieri in detenzione amministrativa[15] e compaiono i primi detenuti di Hamas». È in questo periodo che la prigione diventa una vera e propria università: se già nei decenni precedenti le celle si trasformano in aule-studio, dove si insegna ai detenuti analfabeti a leggere e scrivere e si tengono lezioni di scienze politiche, è durante la prima Intifada che il movimento raggiunge un livello di organizzazione estremamente complesso: «La prigione si fa università politica: libri, letture, discussioni, classi di storia e diritto, scambio continuo di esperienze. Ogni partito si occupa dei propri membri o simpatizzanti».

La quarta fase coincide con la firma degli accordi di Oslo, agli occhi dei prigionieri l'istituzionalizzazione del tradimento da parte della leadership in esilio all'estero. Da quel negoziato la questione dei detenuti politici viene completamente esclusa («Dovevano liberare i "soldati", e invece li hanno dimenticati», l'ironico commento di Murad), il momento è drammatico: il movimento crolla, si ripiega su se stesso. La liberazione dei prigionieri di Fatah – non tutti – disgrega il movimento. «È come se

---

14   B. Farraj, *How Palestinian Hunger Strikes Counter Israel's Monopoly on Violence*, al-Shabaka, 12 maggio 2016, https://al-shabaka.org/commentaries/palestinian-hunger-strikes-counter-israels-monopoly-violence/.

15   Misura cautelare abusata dalle autorità israeliane, perché il diritto internazionale ne autorizza il ricorso solo in casi di emergenza e per tempi limitati: prevede la detenzione per motivi di sicurezza fino a sei mesi, rinnovabile a tempo indeterminato, senza arrivare a processo né poter visionare i capi di accusa e le eventuali prove raccolte.

l'energia finora espressa si fosse prosciugata. I prigionieri si sentirono abbandonati dall'Olp, accusato di aver tradito il movimento di liberazione. E con l'apparizione dell'Anp i rapporti tra detenuti politici e società cambiano: il governo di Ramallah crea un nuovo meccanismo attraverso la nascita del Ministero dei prigionieri. Che invece di lottare per il rilascio, si limita a mantenere i detenuti e le loro famiglie con una sorta di stipendio. Comprarono il silenzio, sostituirono la lotta con il welfare».

Passano diversi anni prima di raggiungere la quinta fase, quella della seconda Intifada: i prigionieri aumentano di nuovo, ma sono di diversa estrazione. Sono membri delle forze di sicurezza dell'Autorità nazionale palestinese, poliziotti e soldati, con una fedeltà del tutto diversa da quella dei detenuti "tradizionali": sono soggetti fedeli a Fatah e all'Anp e non tanto al movimento, hanno valori di riferimento diversi e diversi rapporti con l'esterno.

Nel 2004 Israele reagisce a un nuovo sciopero della fame modificando il meccanismo di detenzione: i prigionieri vengono portati esclusivamente nelle carceri dentro lo Stato di Israele, rendendo nella pratica quasi impossibile ricevere visite dei familiari,[16] e si intensifica la pratica delle punizioni collettive. Un sistema identico a quello dei checkpoint: qualsiasi atto individuale viene fatto ricadere sulla massa, sui compagni di cella o le persone in fila allo stesso confine. L'obiettivo è chiaro: spezzare l'unità del movimento dentro le carceri, quella della società fuori. Allo stesso tempo Israele impronta un nuovo meccanismo di lavoro nelle prigioni: ai detenuti è data la possibilità di lavorare e guadagnare un piccolo stipendio, opzione che in molti scelgono per potersi mantenere (e comprare il necessario alla sopravvivenza, non fornito dalle autorità carcerarie).

Il passo verso le proteste individuali è breve: spuntano i primi scioperi della fame in solitaria. «Il digiuno come strategia

---

16   Il nuovo sistema dei checkpoint e la costruzione del muro annullano il libero movimento da e per i territori, rendendolo dipendente dall'ottenimento di permessi rilasciati dalle autorità israeliane.

politica fallisce, si sgretola – spiega Jadallah –. Spuntano i primi scioperi individuali, a volte legati solo alla fazione di appartenenza o al luogo di detenzione. Questo provoca una perdita di contatti tra la rete dei prigionieri. Dal 2009 gli scioperi di singoli prigionieri hanno come target la fine dell'isolamento o l'interruzione degli ordini di detenzione amministrativa. È il caso di Khader Adnan, Samer Issawi, Hanan Shalabi».

Nell'ultimo anno la sollevazione dei giovani palestinesi ha riaperto alla possibilità di un collegamento strutturale tra le carceri e la società: agli occhi delle nuove generazioni i veri leader della lotta di liberazione sono dietro le sbarre e non dentro gli uffici governativi di Ramallah. Una dinamica emotiva ma anche politica che preoccupa l'Autorità nazionale palestinese: la polizia interviene per disperdere sit-in organizzati per sostenere i prigionieri politici, visti come la miccia di possibili rivolte.

«Se per Israele liberare qualche prigioniero ogni tanto è poco rischioso, il pericolo maggiore insito nel movimento dei prigionieri è per l'Anp», conclude Murad.

***

Mentre Khaled segnava il suo diciottesimo anno di prigionia, Habed ci entrava. Gli mancavano due anni per tagliare il traguardo della maggiore età, ma dal punto di vista legale è un'inezia: nel sistema militare israeliano se sei palestinese sei considerato maggiorenne ben prima, trucco che permette di detenere come prigionieri adulti anche i bambini.

«Nel 2008 partecipavo a una manifestazione ad Azza, il campo profughi dove vivo – ci racconta,[17] quasi timido, dal piccolo cafè che gestisce da qualche mese a poche centinaia di metri dal Checkpoint 300 che divide Betlemme da Gerusalemme –, io e i miei amici abbiamo lanciato delle pietre. Poco dopo, era il giorno del mio sedicesimo compleanno, i soldati israeliani sono venuti a prendermi. Hanno buttato giù

17   Intervista rilasciata nel 2013.

la porta di casa all'1:30 di notte. Mi hanno bendato e amma-
nettato, picchiato di fronte alla mia famiglia che non poteva
fare nulla. Una jeep militare mi ha portato al centro di detenzione di Beit Jala, alle porte di Betlemme. Durante il tragitto,
è iniziato il pestaggio».

Lì parte il balletto dei trasferimenti, prima alla base militare nella colonia di Gush Etzion, poi nel carcere di Moscobiyya,
a Gerusalemme, l'incubo di ogni prigioniero palestinese. Ogni
trasferimento, un pestaggio. Fino all'interrogatorio, ventiquattro ore di luce rossa negli occhi, minacce alla famiglia, braccia
legate dietro la schiena e posizioni scomode. A intervallo le domande vanno avanti per un mese e mezzo, fino alla pena inflitta
dal tribunale militare: due anni e mezzo di carcere. I trenta mesi
di prigione, però, non trascorrono tutti nello stesso posto, tec-
nica carceraria per spezzare i legami nelle celle e impedire alle
famiglie di far visita al familiare detenuto: Habed viene portato
a Ofer, poi Hasharon, Nafah, Ashkelon, infine Negev e Deman.

«Ad Hasharon ho vissuto l'esperienza peggiore: ero lì da
due settimane quando i soldati hanno lanciato dentro le celle
gas lacrimogeni e ci hanno chiuso dentro. Non riuscivamo a re-
spirare e allora hanno aperto le celle. Ma ci aspettavano fuori.
Erano più di cento soldati, disposti in due colonne nello stretto
corridoio che conduceva allo spazio comune. Ognuno di noi è
stato costretto a passare in mezzo a loro e, mentre camminava-
mo, ci picchiavano sulla testa e sulla schiena con i manganelli.
A me hanno rotto una gamba. Sono caduto a terra e si sono
lanciati su di me: mi hanno colpito non so quante volte. Ho
perso conoscenza per circa sette ore per le botte alla testa. Mi
sono risvegliato all'ospedale militare di Ramle, dove il medico
mi ha detto che la mia gamba stava benissimo, avrei solo dovuto bere un po' d'acqua per sentirmi meglio».[18]

18   Per approfondire le condizioni di vita nelle prigioni israeliane e gli scioperi della fame dei prigionieri palestinesi, consigliamo la visione del documentario prodotto da Al Jazeera: http://interactive.aljazeera.com/aje/PalestineRemix/hunger-strike.
html#/16.

Il giorno del rilascio è stato testimone dell'ennesima strategia repressiva: «Il giorno previsto per il rilascio ero così felice. Ho regalato vestiti, cibo e sigarette agli altri prigionieri. Ma poco prima di raggiungere il cancello, i soldati mi hanno fermato: "Il tuo nome non è nella lista, torna dentro". Ho passato un'altra settimana in prigione, convinto di doverci restare per sempre. Poi, mi hanno rilasciato davvero».

Una volta fuori, comincia un'altra prigionia: se Khaled è stato costretto ad assistere da spettatore alla trasformazione individualista della società palestinese, al vuoto della politica, Habed – ancora un bambino – si ritrova immerso in una realtà del tutto diversa da quella del carcere, dove ogni giorno trascorreva tra letture, lezioni di politica, storia e inglese, discussioni. «Una volta tornato a casa non sapevo più chi ero – Habed abbassa la voce –. Ho abbandonato la scuola, ormai avevo perso tre anni. Vorrei studiare una lingua, magari andare all'estero per un periodo. Continuo a sentirmi un alieno. Vorrei solo tornare alla vita di prima, ma non riesco a cancellare la prigione. Chiudo gli occhi e sono di nuovo dietro le sbarre».

Sumud: fenomenologia della quotidiana resistenza

Una parola lieve, ma risoluta è *sumud*, quasi intraducibile in italiano, un concetto preciso che definisce una pratica di resistenza estremamente radicata nella società palestinese. Resilienza, perseveranza: così potremmo spiegare quella che si è fatta nei decenni vera e propria strategia politica e ideologica, fonte di identità translata nell'esperienza concreta e quotidiana.

All'interno della naturale dialettica tra oppressione coloniale e resistenza, *sumud* rappresenta le decine di forme adottate dal popolo palestinese dentro la Palestina storica nell'obiettivo di mantenere la propria presenza fisica sulla terra. Forme più o meno dirette, dinamiche e statiche, che coprono il più ampio raggio delle pratiche quotidiane: «Sorridere, ballare, piantare un albero d'ulivo, portare i figli a scuola, fare l'amore, proteggere le nostre pietre. Questa è resistenza. Dipingere, costruire una casa. Questa è resistenza. Aspettare in piedi per quattro ore per attraversare un checkpoint e poi passare. Questa è resistenza. Noi siamo ancora qui». Questo è quello che ci disse qualche anno fa Nassar Ibrahim, attivista di lungo corso, analista e giornalista.

Dentro il ricco e complesso "contenitore" del *sumud* i palestinesi hanno infilato molto di sé, rendendola un'idea nazionale e collettiva applicata dal singolo come dalla comunità: le istituzioni alternative a quelle dell'occupazione, dai comitati di quartiere alle cliniche e le scuole di villaggio durante la prima Intifada; le cooperative di prodotti locali che ancora oggi fanno vivere la tradizione del ricamo, l'olio di oliva, i saponi, le kefieh e le scarpe di cuoio; il ritorno alla terra o la strenua lotta per non farsela strappare; la *dakba*, la danza tradizionale, ancora insegnata a ogni bambino, e il rap politico come nuova forma espressiva.

Anche i giocattoli. Umm al-Nasser è un piccolo villaggio beduino nell'estremo nord della Striscia di Gaza, lungo il confine con il territorio israeliano. Un pezzo di terra spesso martoriato a causa della sua posizione durante le diverse operazioni militari compiute contro la Striscia negli ultimi anni. In Italia forse qualcuno ne ha già sentito parlare: qui l'Ong Vento di Terra costruì una scuola, "La Terra dei Bambini", spazzata via dai bulldozer israeliani durante "margine protettivo", nell'estate del 2014.

Ora quella scuola è di nuovo in costruzione. Accanto sorge una palazzina di tre piani, dall'anno scorso sede dello Zeida Women Center. Entriamo insieme a Sarah, una delle ragazze responsabili dei progetti dedicati alle donne di Umm al-Nasser. Spazi ampi, volte sul soffitto, ricami alle pareti: qui si svolgono i training e si realizza la produzione di giocattoli e di strumenti educativi. Sarah ci conduce nella prima stanza, quella delle macchine da cucire, dei fili colorati e le stoffe. Accanto sta la falegnameria dove prendono forma i giochi di legno: «Le donne che lavorano in falegnameria sono otto, mentre alla tessitura ne abbiamo quindici, in attività dopo ottanta ore di formazione per l'utilizzo dei macchinari. A loro si aggiungono altre cento donne di Umm al-Nasser che ruotano intorno a Zeida, per corsi di formazione e approfondimenti su salute, letteratura, sport. Ma anche per il cineforum e corsi sui diritti delle donne».[19]

Zeida non è un nome scelto a caso: significa "bello" e "essere donna" allo stesso tempo, due concetti interconnessi dove la bellezza è intesa come armonia, creatività, opportunità. Parlare di sfida quotidiana potrebbe sembrare un esercizio banale, ma tant'è: «A Gaza non si trovano molti dei materiali che servirebbero alla produzione di giocattoli, come certi tipi di legno o il ferro. Israele non ne permette l'ingresso perché li etichetta come materiali a doppio uso.[20] Tentiamo comunque di fare del nostro meglio e abbiamo già ottenuto delle commesse: giocattoli per quindici asili della Striscia. Sono giochi ecologici ed economici». Sarah ce li mostra: sugli scaffali della stanza che fa da show room ci sono attrezzi da lavoro in legno per giocare al falegname, bambolotti, costruzioni, giochi educativi in legno.

Lavoro e identità, lo stesso che troviamo scavalcando due muri fino al nord della Cisgiordania, a Jenin. Nei vicoli stretti di uno dei campi profughi più martoriati dei territori occupati, raso al suolo con una violenza inaudita nel 2002 dall'esercito israeliano, un gruppo di donne lavora dal 2009 alla produzione di saponi per il mercato locale. È l'associazione Aowa, una realtà di lungo corso che da oltre dieci anni coinvolge in numerose attività le donne del campo e quelle dei villaggi agricoli del distretto.

Le abbiamo incontrate due anni fa in un'occasione importante: nelle stanze dell'associazione si sono ritrovate quindici di loro per un corso di formazione per la produzione di olii essenziali, estratti dalle piante medicinali. Un salto di qualità: prima – ci spiegano – gli olii per i saponi venivano importati dalla Siria ma la guerra ha fatto decollare i prezzi. E allora si

---

19   Intervista rilasciata nell'aprile 2016.

20   Una specifica lista redatta dalle autorità israeliane indica i materiali che non vanno introdotti nella Striscia perché utilizzabili dai gruppi armati per la costruzione di tunnel e missili. Una limitazione seria che sta impendendo da tre anni, insieme alla mancanza di fondi e alle lunghezze burocratiche, la ricostruzione dopo l'operazione "margine protettivo" del luglio-agosto 2014.

sono attrezzate con l'aiuto di un'organizzazione italiana, Ponte Solidale, e della rete del mercato equo: «La produzione di olii essenziali dalle erbe medicinali è fondamentale alla produzione dei saponi – ci dice Asma Atrata, responsabile di Aowa –. L'idea nasce dalla situazione difficile in cui viviamo e dall'esigenza delle donne di trovare opportunità di lavoro per migliorare la propria condizione. Le piante usate sono coltivate da decine di donne nell'area di Jenin e da cooperative agricole o su terre di loro proprietà o in serre messe a disposizione da associazioni locali. Producono salvia, timo, tè verde, melissa, menta, basilico. Noi li acquistiamo e ne estraiamo gli olii».

Un circolo virtuoso che ci porta fuori dalla città, nei campi coltivati. I contadini ci fanno da guida, ci mostrano le loro ricchezze, ci raccontano il ciclo produttivo. Sullo sfondo gli ostacoli dovuti all'occupazione e le mille e una storia che ognuno qui si porta sulle spalle: molte donne hanno mariti in prigione, altre sono vedove. Altre ancora sono l'unico sostentamento per la propria famiglia a causa dell'alto tasso di disoccupazione che affligge i territori. Alcune sono state loro stesse prigioniere politiche, altre si sono viste distruggere la casa o portare via un figlio in uno dei frequenti raid dell'esercito israeliano. E infine c'è chi combatte usando le vie legali per non perdere la terra sotto minaccia di confisca per la costruzione del muro di separazione.

Fa caldo a Jenin, la calura appiccicosa di agosto. Le quindici donne sono in una stanza, in mano rametti di salvia. Strappano le foglie e le mettono nel contenitore per la distillazione. Un buon profumo riempie l'aria. Si resta in attesa: qualche ora e le prime gocce di olio usciranno una dietro l'altra, a riempire i bricchi trasparenti. La produttività è forma di riaffermazione dell'identità, ma anche strumento di esistenza e dunque resistenza. Fondamentale qui appare il legame intrinseco tra l'indipendenza socio-economica e la possibilità di restare e reclamare diritti, mentre fuori le politiche dei vertici remano in una direzione opposta: l'Anp verso un neo-liberismo svuotato, Israele verso quella della privazione delle risorse naturali, passaggio necessario a chiudere in un mercato prigioniero i territori occupati.

Disobbedienza civile e auto-organizzazione

La resistenza palestinese è sempre stata oggetto di una particolare narrativa occidentale. Se per numerosi movimenti di liberazione in tutto il mondo, dall'America latina all'Africa, è considerata fonte di ispirazione, a ovest si è assistito a un processo di inglobamento all'interno di specifiche categorie culturali. La lotta armata è finita nel contenitore del terrorismo, etichetta sfruttata dall'occupazione israeliana per introdurre il concetto di "auto-difesa" e far rientrare la sicurezza israeliana nel contesto globale della guerra al terrore. La resistenza popolare, invece, è stata permeata dal concetto della nonviolenza, prodotto cognitivo europeo.

Eppure il movimento di resistenza palestinese, fin dagli albori un secolo fa, è stato costantemente caratterizzato dalla partecipazione popolare. A ondate, a cicli, come i percorsi storici insegnano. Gli scioperi della fame nelle carceri, di cui parlavamo sopra, ne sono esempio lampante. Oggi tra le più riuscite iniziative c'è la campagna Bds, Boicottaggio disinvestimento e sanzioni. Non nasce dal nulla, ma dal naturale percorso compiuto dai movimenti popolari locali.

Difficile non vedere il filo rosso che collega gli strumenti di disobbedienza civile della prima Intifada con l'attuale campagna. Se diverso è il pubblico e il livello di coinvolgimento popolare, simile è il discorso alla base. Facciamo un salto indietro di trent'anni. Ci ritroviamo a Beit Sahour, villaggio cristiano-musulmano alle porte di Betlemme, da sempre considerato uno dei modelli esplicativi della prima Intifada. Negli anni duri della repressione israeliana della sollevazione, Beit Sahour seppe organizzarsi in autonomia per far fronte a coprifuoco, distruzione, confische: vennero creati comitati di quartiere che gestivano la vita quotidiana, dalla scuola alla distribuzione del cibo, dalla produzione agricola alla gestione del traffico.

Venne introdotto, forse per la prima volta in Palestina, il concetto di disobbedienza civile: i residenti di Beit Sahour si opposero all'occupazione bruciando le carte d'identità rilasciate da

Israele e rifiutarono di pagare le tasse secondo l'antico ma attuale motto liberale del "no taxation without representation". Scioperarono a oltranza e aprirono ai movimenti pacifisti israeliani. Sfidarono i soldati che facevano la ronda, organizzando barbecue nei terrazzi per non violare il coprifuoco e lasciando ad asciugare i vestiti dai colori della bandiera palestinese, la cui esposizione era all'epoca reato penale. Comprarono mucche per prodursi da soli il latte, dopo il lancio del boicottaggio dei prodotti israeliani e la conseguente reazione di Tel Aviv che impedì ai beni alimentari di entrare nella comunità.

«Ci sono tante storie da poter raccontare. La brillantezza della prima Intifada sta nella capacità di dare a ognuno un ruolo, a ogni settore della società l'opportunità di fare qualcosa».[21] Rifat Kassis è stato tra i promotori della prima Intifada a Beit Sahour, che trascorse per lo più in prigione. Intellettuale noto in Palestina, attivista per i diritti umani e fondatore del Dci palestinese (Defence for Children International), ricorda con nostalgia quegli anni di privazione ma anche di partecipazione: «Se prima del 1987 i movimenti politici lavoravano clandestinamente seguendo gli ordini da fuori, con l'Intifada ogni iniziativa popolare era visibile e apprezzata: c'è chi andava di nascosto, come mio fratello, a Hebron per prendere frutta e verdura e distribuirla equamente tra la gente; chi aveva più denaro avviava progetti agricoli; i maestri, con le scuole chiuse, insegnavano agli alunni nei quartieri. Ci furono frizioni per la questione delle tasse, molti si videro confiscare i propri beni dall'esercito, ma anche se il prezzo pagato fu pesantissimo tutti apprezzano ancora oggi il potere che avevamo tra le mani, la capacità di praticare l'autorganizzazione. Tutti sapevano di non essere più meri spettatori ma attori dell'Intifada: capimmo che ogni piccola azione, apparentemente insignificante, era parte integrante della lotta nazionale per la liberazione».

«Mi chiedo spesso che cosa abbia motivato la gente a investire sull'Intifada tempo, energie e denaro, a dividere il cibo

21 Intervista rilasciata nel dicembre 2016.

con i vicini, a bussare alla mia porta per far trovare a mia moglie un cesto di verdure e frutta mentre ero in prigione. Storie semplici ma di un'estrema potenza. Oslo ha ucciso tutto questo, ha ucciso l'Intifada e la voglia di iniziativa popolare».

Un percorso nato decenni prima e non improvvisato: i movimenti politici esistevano già sia dentro la Palestina storica che nella diaspora. «Perché – si chiede Kassis – Beit Sahour ha avuto più successo di altre comunità? Anche qua la risposta sta nella storia. Nel 1957 in Giordania un'ondata patriottica permise ai movimenti popolari di eleggere primo ministro una figura molto progressista, Suleiman al-Nabulsi. Nel resto del Medio oriente i movimenti progressisti sfidavano il cosiddetto "patto di Baghdad", un progetto britannico che puntava su regimi reazionari per disintegrare qualsiasi iniziativa progressista e comunista, esattamente quanto accade oggi con il progetto statunitense in Medio oriente. In quegli anni a Beit Sahour esistevano già otto-dieci partiti politici diversi, dai comunisti ai nazionalisti, dai Baath al National Socialist Syrian Party. La gente aveva riferimenti politici, coscienza politica e capacità organizzativa».

In breve tempo spuntarono come funghi organizzazioni sociali volontarie, gruppi scout, serre comunitarie, associazioni legate ai clan familiari. Un'eredità che si rivelò vincente con lo scoppio dell'Intifada: «Beit Sahour impiegò un paio di mesi per organizzarsi. I leader politici locali presero subito l'iniziativa per preparare la gente a una lunga lotta. All'epoca forte era la presenza della sinistra, a differenza di oggi in cui prevale Fatah. Per questo il confronto principale con il movimento di liberazione nazionale riguardò soprattutto la velocità dell'Intifada: la sinistra era critica con la leadership dell'Olp, con Fatah e Arafat accusati di voler troppo rapidamente sfruttare i piccoli risultati ottenuti dall'Intifada. I frutti non erano ancora maturi. L'Olp avrebbe dovuto dare più tempo alla sollevazione per raggiungere certi obiettivi e negoziare con Israele quando l'Intifada era ancora viva. Al contrario la leadership palestinese si sedette al tavolo dopo aver ucciso l'Intifada e l'unico risultato è stato Oslo».

Da allora un lento e graduale percorso di disintegrazione dell'iniziativa popolare ha accompagnato il popolo palestinese. L'arrivo dell'Anp ha sostituito il progetto rivoluzionario con la narrativa della costruzione dello Stato. «Con la creazione delle forze di sicurezza e della burocrazia interna – continua Kassis – vennero distrutti i movimenti politici e le iniziative popolari spontanee. Con lo smantellamento delle forze di resistenza fuori, i partiti politici con dei bracci armati si autodistrussero. E quelli che lavoravano dall'interno non seppero come affrontare la nuova era, limitandosi a boicottarla. Dal 1994 al 2015 si è indebolita sistematicamente la politica rendendo i partiti incapaci di muovere le strade».

Lo si è visto con la cosiddetta Intifada di Gerusalemme che Intifada non lo è mai stata. Non è stata una lotta popolare, non ha coinvolto le masse né i movimenti politici: «Il 1° ottobre 2015 è iniziata la rivolta della disperazione. Il movimento di liberazione palestinese è sempre stato il movimento della speranza, si è sempre lottato per un futuro migliore, per la libertà, l'indipendenza. Oggi no, è il movimento dei disperati che cercano la salvezza personale: vogliono solo morire, convinti che il nostro popolo non abbia più alcuna speranza».

Trasferimento forzato e silenzioso

La repressione delle diverse forme di resistenza popolare è punto fermo delle politiche israeliane di appropriazione della terra. A monte sta una più vasta strategia politica e militare che Israele pratica fin dal 1948, con un obiettivo preciso: massimizzare la porzione di terra controllata minimizzando il numero di palestinesi presenti all'interno. Occupazione del territorio ma non dei suoi residenti, stella polare del progetto sionista.

Alle ondate di profughi provocate dai conflitti diretti, nel 1948 e nel 1967, ha così fatto seguito una sistematica opera di trasferimento forzato della popolazione palestinese in tutta la Palestina storica, che nei territori ha provocato un consistente spostamento dall'attuale area C all'area A. Le misure adottate per costringere al trasferimento e dunque allo spopolamento delle zone considerate strategiche da Israele sono numerose, interconnesse. Da anni a mapparle e monitorarle è l'associazione palestinese Badil, nata dopo gli accordi di Oslo in risposta all'assenza di previsioni per la questione centrale dei rifugiati palestinesi.

«A cinquant'anni dall'occupazione militare dei territori e a settanta dalla fondazione dello Stato di Israele – ci spiega Lubna Shomali, direttore amministrativo di Badil – possiamo parlare di *ongoing Nakba*, una Nakba che continua. Ogni giorno, ogni settimana, ogni mese dei palestinesi lasciano la propria terra, forzatamente».[22]

Nove le politiche che Badil ha individuato e che mettono quotidianamente in pericolo l'esistenza stessa del popolo palestinese e l'identità nazionale: diniego della residenza; creazione del regime dei permessi; confisca di terre e divieto di usarle; pianificazione urbana discriminatoria; segregazione; divieto di accedere alle risorse naturali; diniego del diritto al ritorno dei rifugiati; repressione della resistenza; azioni di attori non statali (ma dietro approvazione statale).

«Tali misure vengono implementate attraverso la legge militare nei territori occupati e quella civile dentro lo Stato di Israele. E non sono visibili: il trasferimento forzato non è ovvio come lo fu nel 1948 e nel 1967. In quei casi furono centinaia di migliaia le persone sfollate in un tempo brevissimo, mentre oggi parliamo forse di duecento al mese, duemila l'anno. Difficile quantificarle perché il sistema è estremamente sofisticato e non esistono agenzie di monitoraggio. Ad esempio l'Ocha, l'agenzia dell'Onu, monitora le case demolite a Gerusalemme e in area C in Cisgiordania, ma non segue le vittime, non sa se restano all'interno dei confini nazionali o si spostano fuori diventando a tutti gli effetti rifugiati».

Le stesse vittime spesso non sono consapevoli dell'abuso subìto, pressioni diverse e provenienti da diverse direzioni

22   Intervista rilasciata nel dicembre 2016.

che creano un'ambiente talmente invivibile da costringere il palestinese a lasciare la propria terra. «Seppure sia consapevole dell'esistenza di tali meccanismi – continua la Shomali – non riesce a vedere il quadro generale. Una connessione che non viene fatta né dalle vittime né dalle agenzie internazionali. Si vede l'azione, ma non l'attività». Si vede l'ordine militare, principale strumento di trasferimento forzato, utilizzato oltre milleduecento volte dal 1967 al 2014, ma non si vede il quadro all'interno del quale opera.

Il meccanismo di monitoraggio, dunque, non è accurato. Al contrario le misure israeliane sono estremamente sofisticate e ambigue perché sotterranee e invisibili. E interconnesse: nella quasi totalità dei casi di trasferimento forzato non è mai solo una misura a essere adottata contro l'individuo, ma l'esposizione è molteplice. «Facciamo degli esempi: Gerusalemme è soggetta a revoche della residenza, demolizioni di case e repressione della resistenza, sempre più pesante dopo la legge che permette l'incarcerazione fino a vent'anni per lancio di pietre; Hebron a repressione della resistenza, regime dei permessi e violenze degli attori non-statali, ovvero i coloni; l'area E1 a pianificazione discriminatoria e regime dei permessi; i villaggi nel blocco coloniale di Gush Etzion a confisca di terre e mancato accesso a servizi e risorse naturali. I tipi di politiche e la loro intensità sono applicati a seconda della geografia e degli obiettivi finali su una determinata zona che sarà dunque soggetta a maggiore colonizzazione e trasferimento sistematico dei coloni».

Elastico è il grado di adattamento israeliano al tempo e allo spazio. Negli anni cambia l'intensità nell'applicazione di tali politiche per garantire gli interessi strategici israeliani: dopo Oslo, l'obiettivo immediato è diventata l'area C, già ampiamente colonizzata; dopo il 1967 i target immediati sono stati – e sono ancora oggi – Gerusalemme est e valle del Giordano, naturale e unico confine verso il mondo esterno per la Cisgiordania.

«Israele – conclude la Shomali – si adatta molto nell'uso dei mezzi di trasferimento. Va quindi concentrata l'attenzione sui concetti di "forzato" e di "forza": c'è la forza diretta, ovvia, che è la violenza bellica, quanto accade oggi in Iraq, Siria, Yemen, quanto accadde in Palestina nel 1948 e nel 1967 o durante gli attacchi contro Gaza degli ultimi anni; e poi c'è quella indiretta, meno ovvia, ovvero la creazione di un ambiente talmente invivibile che la persona non ha altra scelta se non quella di andarsene. Israele ha usato entrambi, preferendo dopo il 1967 il secondo tipo di forza, consapevole che la comunità internazionale non accetterebbe altre ondate di rifugiati come quelle del passato. Così salva la faccia e giustifica il trasferimento con gli ordini militari e le pratiche burocratiche fondate sulla "sicurezza" e la tutela di Israele e i suoi cittadini, compresi i coloni».

Tra gli strumenti indiretti che Israele applica alla resistenza popolare palestinese da oltre due decenni c'è sicuramente la vituperata cooperazione alla sicurezza con l'Autorità nazionale palestinese, previsione-imposizione di Oslo che più di altre misure accende la rabbia della popolazione palestinese verso il proprio governo. Un subcontractor dell'occupazione militare, la definiscono, quella che ha tolto a Israele non solo gli obblighi amministrativi e civili previsti dal diritto internazionale nei confronti del popolo occupato, ma anche il costo fisico e finanziario dell'occupazione.

È con Oslo che la comunità internazionale monopolizzata dalla diplomazia Usa intravede nel processo di pace perenne lo strumento per il mantenimento dello status quo, l'immortalità dell'occupazione militare e l'abbattimento dei costi per Israele. Nessun cambiamento amministrativo reale investe i territori, soffocati da nuove terminologie: "autonomia" sostituisce "autodeterminazione", "terrorismo" sostituisce "resistenza", "interessi" sostituisce "diritti". Il lessico che cambia definisce lo squilibrio di potere e l'umiliazione finale della leadership palestinese. Oslo è l'arma: fingendo di creare un procedimento di trasferimento di autorità, nella pratica spoglia il concetto di Stato palestinese di sovranità reale.

Lo si vede chiaramente con il quarto accordo firmato dopo la stretta di mano tra Arafat e Rabin: il 24 agosto 1994 Olp e Israele siglano il Preliminary Transfer of Powers and Responsabilities, noto come Early Empowerment, ovvero "primo conferimento di potere". Ufficialmente alla nascente Anp vengono affidati compiti di mantenimento della sicurezza in area A. Ufficiosamente «Israele mantenne il controllo totale su ogni tipo di sicurezza e tutta la responsabilità in materia di ordine pubblico [in Cisgiordania]. La sovranità di fatto di Israele era protetta da numerose disposizioni che relegavano l'Anp a un mero apparato amministrativo, che esisteva e operava in una totale subordinazione giuridica e politica rispetto al regime di occupazione israeliano».[23]

All'interno dell'ampio contenitore della cooperazione alla sicurezza, che rende l'Anp e le sue forze armate uno degli strumenti israeliani per la repressione delle diverse forme di resistenza popolare o armata, stanno procedure onnicomprensive che nella pratica generano un regime unico. Un esempio: l'articolo VI-4 dell'accordo di Early Empowerment obbliga Ramallah a informare Tel Aviv di ogni evento pubblico si tenga nei territori, raduni di massa o sit-in, qualsiasi sia il luogo e l'ente organizzatore. Deve inoltre informare Israele di ogni persona ferita, deceduta o ricoverata in un ospedale palestinese, il tipo di arma usata per il ferimento o l'uccisione e in generale le ragioni di ogni decesso per cause non naturali.

La partecipazione dell'Anp "legalizza" l'occupazione. A monte una forza di sicurezza finanziata in buona parte dagli Stati Uniti: dal 2008 al 2016 Washington ha girato nelle casse dell'Anp più di 871 milioni di dollari,[24] di cui 814 attraverso il programma internazionale per il controllo dei narcotici e 55,5 attraverso il programma di anti-terrorismo. Parte del denaro è servito alla formazione e l'addestramento di quarantacinquemila militari e poliziotti e all'acquisto di uniformi, armi non letali e veicoli, impiegati per operazioni di contro-terrorismo nell'accezione israeliana del termine: a gennaio 2016, quattro mesi dopo

23   N. H. Aruri, *Un broker disonesto. Gli Stati Uniti tra Israele e Palestina*, Il Ponte, Bologna 2006, p. 123.

24   Vedi http://securityassistance.org/data/program/military/Palestinian%20Territories/2008/2017/is_all/Global.

l'inizio della cosiddetta Intifada di Gerusalemme, il generale Majid Faraj, capo del Mukhabarat palestinese (i servizi segreti interni) vantava i risultati ottenuti dalla sua unità: l'intelligence dell'Anp, ha detto, ha impedito che venissero commessi almeno duecento attacchi contro israeliani, ha arrestato circa cento palestinesi e ha confiscato un numero indefinito di armi.

Una nuova capacità militare che, come spiega Yezid Sayigh del Carnegie Middle East Center, «non garantisce lo Stato di diritto», ma si traduce da una parte nel rafforzamento della cooperazione con Israele e dall'altra nella repressione di media indipendenti e società civile. In abusi del governo di Ramallah contro voci critiche e libertà di espressione: sotto occupazione, com'è possibile costruire una società libera e democratica?

Capitolo otto

Un'economia prigioniera

Tardo pomeriggio ad Hebron: i primi giorni di inverno fanno scomparire presto la luce del sole ma nella fabbrica di sandali Camel si lavora ancora. Una porta di legno divide l'elegante ingresso dalle macchine e gli operai. Nonostante la stagione, l'attività artigianale non si ferma. Rallenta soltanto: «D'estate diamo lavoro a una ventina di operai, d'inverno sono la metà perché gli ordini sono di meno». Mira al-Zatari[1] ci racconta la storia della fabbrica di scarpe di Hebron, avviata nel 1973 dal padre. Lei si occupa del marketing e le vendite, i fratelli gestiscono la fabbrica e i dipendenti.

Oggi la Camel Sandals è un piccolo gioiello sopravvissuto alla devastazione subita negli ultimi anni da una delle più antiche attività produttive di Hebron, la produzione di scarpe di cuoio. La Camel riesce a vendere dentro e fuori il paese, grazie ai legami nati con il mercato equo solidale. Solo così è riuscita ad attutire gli effetti devastanti del libero mercato: «L'arrivo dei prodotti dall'Asia – ci dice Mira mentre ci avvicina una scatola di cioccolatini – ci ha costretto a modificare l'approccio. Ma siamo un caso quasi unico. La maggior parte delle aziende erano piccole e a conduzione familiare, non avevano dimestichezza con le vendite all'estero. I pochi calzaturifici ancora aperti sono costretti a vendere alle compagnie israeliane che poi rivendono la produzione

1   Intervista rilasciata nel novembre 2016.

al doppio del prezzo e con l'etichetta "Made in Israel" e il certificato di autenticità».

Così un paio di scarpe di cuoio fatte a mano, che a Hebron vengono vendute a 150-180 shekel (37-45 euro), in Israele si pagano 500 shekel, oltre 120 euro. Un profitto consistente a scapito della produzione locale palestinese che in poco tempo è annegata. Concorrenza sleale: prima Israele ha aperto il mercato ai prodotti di bassa qualità e bassi costi dall'Asia dell'est e poi le compagnie israeliane hanno risucchiato quello che restava dell'industria palestinese.

«Israele – continua Mira – pone molti ostacoli all'esportazione per i prodotti palestinesi. I nostri prodotti sono sottoposti a tassazione israeliana e a volte vengono lasciati nei porti per giorni, settimane, ritardando gli ordini e quindi danneggiando le fabbriche produttrici. Noi usiamo i corrieri privati, con costi più alti».

Mentre ci scaldiamo con il caffè arabo che il fratello di Mira ha appena preparato, alla Camel Sandals entra Tareq Abu Al Fealat. È il presidente dell'Unione dell'industria della pelle palestinese. È di Hebron come oltre il 95% della produzione nazionale: è qui, nel sud della Cisgiordania, che da generazioni si concia il cuoio per produrre scarpe, borse, cinture, sandali e ogni tipo di oggetto in pelle.

Gli anni d'oro sono un ricordo, ci spiega, ora si lotta per sopravvivere: «L'industria del cuoio è stata fondamentale per questa città e per il distretto: si sviluppò soprattutto nella seconda metà del secolo scorso. Dal 1970 al 2000 c'erano milleduecento fabbriche di cuoio di diverse dimensioni a Hebron. Piccole e medie imprese che davano lavoro a trentamila persone, trentamila famiglie che vivevano della conciatura delle pelli: non c'era casa a Hebron che in qualche modo non fosse legata a quest'industria».[2]

E oggi? Non restano che duecento piccole imprese che danno lavoro – nelle stagioni calde – a un massimo di tre-quattromila

2 Intervista rilasciata nel novembre 2016.

operai. Senza contare i danni all'indotto, un dissanguamento che Abu Al Fealat imputa al libero mercato imposto dall'occupazione israeliana e dalle politiche dell'Autorità nazionale palestinese: «Dopo il 2000 il mercato è stato aperto senza alcuna regolamentazione: importare dalla Cina e dall'Asia dell'est è diventato facile e conveniente, molto più che produrre localmente. Prodotti di bassa qualità hanno invaso il mercato e il nostro settore non è stato in grado di arginarli. Non avevamo dietro un governo che ci guidasse e tutelasse, come invece è stato fatto in Israele. E così all'improvviso ci siamo ritrovati privi di spazio economico, ormai occupato dai prodotti stranieri».

L'Anp non riesce a intervenire, Israele controlla le frontiere e impedisce al governo di Ramallah di limitare le importazioni e la seconda Intifada scoppia: l'esercito israeliano impone lunghissimi coprifuoco, le aziende sono costrette a sospendere la produzione, le famiglie si ritrovano senza salari o con stipendi di mera sussistenza. Non c'è denaro, non si produce. I prodotti a basso costo dalla Cina sono la soluzione: valgono poco, è vero, ma costano anche poco.

«L'Intifada ha stravolto ogni aspetto della nostra vita – continua Abu Al Fealat – ma non è stata la sollevazione a uccidere i calzaturifici. Parliamo di piccole aziende familiari, non di colossi. Il libero mercato ci ha mangiato. Fa quasi sorridere, una contraddizione in termini: un libero mercato in un paese occupato. Lo si vede nei limiti che l'Anp non può superare: il governo non fa nulla se non imporre una minima tassazione sui prodotti asiatici. Ma per il resto non controlla le frontiere, non può decidere quali prodotti autorizzare e quali no, non può stabilire standard qualitativi né tasse doganali».

Al contrario a intervenire è Israele che apre e chiude le frontiere e decide quando invadere il mercato con l'import. Un'invasione letterale: diciannove milioni di scarpe l'anno per un popolo, quello palestinese dei territori occupati, di quattro milioni. «Abbiamo fatto qualche calcolo: ogni container di prodotti importati toglie lavoro a venticinque operai palestinesi per sei mesi».

Per provare a resistere, a mantenere in vita i calzaturifici ancora in attività e salvare così cento anni di storia, l'Unione dell'industria della pelle ha favorito ad Hebron la creazione di un consorzio che mette insieme tredici piccole imprese. Gli operai vengono riqualificati, i costi condivisi. Sullo sfondo un marchio sinonimo di qualità, "Made in Palestine", necessario ma non sufficiente. Servono regole, insiste Abu Al Fealat.

Ma sotto occupazione è impossibile aspirare a un'economia libera e autonoma. Hebron ne è lo specchio perfetto: hub commerciale della Palestina storica, da sempre città considerata capoluogo della produzione industriale e artigianale, famosa per la pelle, il vetro soffiato, la ceramica, oggi è l'ombra della ricchezza che fu.

Pochi mesi dopo gli accordi di Oslo, nel febbraio 1994, un colono israeliano di origine statunitense, Baruch Goldstein entrò nella Moschea di Abramo in Città Vecchia: aprì il fuoco sui fedeli musulmani in preghiera per il Ramadan, uccidendone ventinove. La risposta israeliana al massacro fu il prosieguo naturale della politica di occupazione: la divisione di Hebron in due zone, H1 e H2, una riproposizione di area A e area C ma dentro la stessa città. Da quel momento è cominciata la graduale morte di Hebron: colonizzata all'interno con una media di seicento coloni residenti protetti da migliaia di soldati israeliani, è stata fatta oggetto di un particolare processo di colonizzazione ed esproprio che si traduce oggi in oltre cento blocchi (tra checkpoint militari, muri, barriere stradali, reti) che ne hanno devastato la vita sociale, economica e commerciale.

Da allora oltre quindicimila negozi sono stati chiusi, o per diretto ordine militare o per l'impossibilità di portare avanti l'attività, il centro è diventato una città fantasma e migliaia di palestinesi si sono spostati fuori dalla Città Vecchia, a causa dell'occupazione forzosa della propria casa o perché costretti dalle violenze dei coloni e dei soldati. Esempio eclatante resta Shuhada Street, la strada dei martiri, la principale arteria della città: chiusa per ordine militare nel 2000 e mai riaperta nonostante la sentenza della Corte suprema israeliana lo imponesse, ha visto scomparire l'affollata vita che la accendeva ogni giorno. I mercati sono spariti, auto e pedoni evaporati. Dalle poche case ancora abitate dai palestinesi, i bambini guardano fuori da finestre difese da sbarre di ferro per impedire ai coloni di aggredire i suoi abitanti. Terrorizzati, come Hebron.

Da contadini a operai a giornata

Quando nel giugno del 1967 i carri armati israeliani invasero in soli sei giorni quelli che da allora finirono sotto l'etichetta di territori occupati, la metà dei palestinesi residenti in Cisgiordania, a Gaza e a Gerusalemme est lavoravano la terra. Erano contadini, erano pastori. Altrettanti erano artigiani, piccole aziende familiari che producevano scarpe, sapone, olii essenziali, stoffe, vetro, ricami.

L'ingresso di quei carri armati ha cambiato la faccia dell'economia palestinese, stravolgendo secoli di produzione interna e di mezzi di sussistenza tradizionali, una trasformazione innaturale e repentina che aveva un obiettivo preciso e calcolato: l'abbandono della terra.

«Nel 1967 – spiega Basel Natsheh –[3] il popolo palestinese ha assistito impotente all'annessione della propria economia. Prima dell'occupazione, questa si fondava per lo più sull'agricoltura e sulla manifattura, non esisteva un'industria pesante. I palestinesi vivevano di un'economia di sussistenza. Nel 1967 i territori hanno subìto un cambiamento tremendo: Israele ha cominciato da allora a trattare i palestinesi come consumatori per i propri prodotti e potenziali operai non specializzati nelle proprie industrie e nel settore delle costruzioni».

Oggi non stupisce quasi più vedere palestinesi di ogni età sedere ai lati delle strade israeliane vicino ai checkpoint con la

---

3   Ex rettore della Facoltà di finanza all'Università di Hebron e oggi professore di economia al Al Khawarizmi International College di Abu Dhabi. Intervista rilasciata nell'ottobre 2016

Cisgiordania: sono lì in attesa del caporale di turno che li carichi in furgoncini malmessi per portarli a lavorare a giornata in un cantiere a Gerusalemme o a Tel Aviv. Hanno appena trascorso ore in fila a un checkpoint, ora siedono sull'erba o sul marciapiede, un caffè tra le mani per provare a scaldarsi, due chiacchiere con il vicino.

«Quanto vediamo oggi è il frutto di quel fenomeno particolare nato dopo il 1967: i palestinesi che iniziavano a lavorare in Israele ricevevano salari molto più alti di quelli medi dei territori. Questo ha incoraggiato moltissimi palestinesi ad abbandonare le terre: all'epoca l'agricoltura garantiva la sopravvivenza, ma non il miglioramento del proprio stile di vita. E così il lavoro nei campi dei villaggi viene abbandonato a favore di lavori non specializzati in Israele, fino all'inizio degli anni Novanta quando si raggiunge il numero massimo di lavoratori palestinesi in Israele, circa centotrentamila persone. Un flusso che modifica lo stile di vita nei territori facendolo convergere con quello israeliano. Un cambiamento che si rivelerà solo di facciata. Le terre erano semivuote, i lavoratori schiavi di un sistema esterno dominante».

Un sistema che già prima degli accordi di Oslo ha risucchiato la società palestinese dei territori: uscivano lavoratori e entravano prodotti a prezzi ribassati, un circolo vizioso che ha plasmato il palestinese della fine del secolo. Consumatore e lavoratore a basso costo. La società occupata è così arrivata all'appuntamento con la stretta di mano tra Arafat e Rabin, davanti al sorriso del presidente statunitense Bill Clinton, senza punti di appoggio: l'ingresso forzato di beni venduti a prezzi bassi (quelli israeliani ma anche quelli cinesi e asiatici in generale) insieme alla riduzione graduale del numero di palestinesi impiegati nel mercato del lavoro israeliano hanno ingolfato il sistema produttivo locale. Il mercato palestinese non è stato in grado, a metà degli anni Novanta, di riassorbire l'alto numero di disoccupati perché la propria produzione, agricola e manifatturiera, era stata annullata da decenni di occupazione economica.

Il processo di de-sviluppo dell'economia palestinese

Tra gli obiettivi archiviati con successo dall'occupazione israeliana nell'immediato post-Oslo c'è sicuramente la trasformazione radicale dell'economia palestinese, il suo soggiogamento al sistema produttivo e commerciale occupante e, quindi, il suo annichilimento. La strategia israeliana si è mossa da subito su due piani: dare vita a un sistema di occupazione che generasse profitto e, allo stesso tempo, eliminare le possibilità di sviluppo del popolo occupato.

Punto di svolta è stato il protocollo di Parigi, noto anche con il nome di "Gaza-Jericho agreement", firmato dallo Stato di Israele e dall'Organizzazione per la liberazione della Palestina nell'aprile del 1994. Nove articoli estremamente dettagliati che vanno a regolare ogni possibile aspetto economico dei territori occupati, decretandone la dipendenza dal sistema israeliano: tasse, confini, mercato del lavoro, turismo, industria, agricoltura, nulla viene lasciato al caso.

L'accordo, che si lega armoniosamente alle previsioni dei più noti accordi di Oslo, alla nascita dell'Autorità nazionale palestinese e alla divisione amministrativa della Cisgiordania, ha un effetto dirompente sull'economia e sulla società palestinesi. Perché, in termini molto semplici, istituzionalizza la privazione del controllo libero e indipendente delle risorse produttive, naturali e umane.

Le risorse idriche vengono amministrate, gestite e vendute dalla compagnia semi-statale israeliana Mekorot. I confini con l'esterno (la Giordania per la Cisgiordania, l'Egitto per Gaza) sono controllati esclusivamente da Israele rendendo impossibile un normale rapporto di import ed export con il mondo arabo, naturale mercato di arrivo della produzione palestinese. L'area C (il 60% della Cisgiordania) viene ufficialmente consegnata a Tel Aviv con il corollario che ne segue e che era già realtà dal 1967: confisca di terre, creazione di zone militari e di addestramento, espansione coloniale, divieto di costruire abitazioni civili e aziende, vie di comunicazione interrotte da checkpoint militari e – in alcuni casi – dalle bypass road interdette al traffico palestinese, compreso ovviamente quello commerciale.

Senza dimenticare le politiche monetarie: impossibile gestire il valore della moneta per contrastare il tasso di inflazione, naturale fenomeno in un sistema artificiale nel quale l'economia dominante impone prezzi, quantità e qualità a quella dominata. A Ramallah, tra i palazzi di lusso e le luci degli hotel e dei ristoranti, non esiste una banca centrale, ma solo un'autorità di monitoraggio che non ha alcuna capacità di influenzare il tasso di inflazione. A dettare le politiche monetarie è la banca centrale israeliana che non ha interesse a migliorare le condizioni di vita palestinesi.

Persa la sua componente produttiva, base di qualsiasi tipo di sviluppo economico, quella palestinese è diventata una mera economia di servizi, una bolla che nella seconda metà degli anni 2000 ha registrato alti tassi di crescita del tutto inconsistenti. Agricoltura e industria hanno subito un tracollo: le poche terre a disposizione si svuotavano, le piccole fabbriche chiudevano i battenti, mentre nelle città sorgevano come funghi hotel, banche e assicurazioni e ai checkpoint israeliani palestinesi giovani e anziani si mettevano in fila per attraversare il confine e finire in un cantiere israeliano a lavorare a giornata.

Da contadini e artigiani a lavoratori a cottimo, da proprietari ad affittuari: è l'abisso del de-sviluppo all'interno del quale la forza lavoro palestinese viene artificialmente tramutata in manodopera a basso costo per il mercato israeliano. A raccontare la trasformazione del lavoro sono i checkpoint lungo il muro: le file interminabili di uomini, costretti dalle due del mattino a ore in piedi e controlli umilianti, accalcati l'uno sull'altro, pur di raggiungere il territorio israeliano e trascorrere una giornata in cantiere, per poi ricominciare il giorno dopo, identico a quello precedente.

Le storie che abbiamo raccolto tra il caffè del mattino e le sbarre grigie dei checkpoint narrano la stessa esistenza, fatta di mancanza di alternative concrete e di disoccupazione, di viaggi interminabili nella burocrazia israeliana del sistema dei permessi di lavoro. Per ottenere la famigerata carta magnetica si deve investire il poco denaro a disposizione, passare per le trafile dei controlli di sicurezza e uscirne puliti. Il più minimo problema avuto in passato con le autorità israeliane cancella ogni possibilità. Un elemento non certo da poco tenendo conto che un milione di palestinesi, dal 1967 a oggi, è stato rinchiuso dietro le sbarre di una prigione israeliana per motivi politici.

Per questo, dicono calcoli ovviamente ufficiosi, ai settantamila palestinesi della Cisgiordania con un permesso di lavoro se ne affiancano almeno altri quarantamila, illegali: entrano in Israele per lavorare spogliati di ogni diritto, senza contratti né permessi. La loro è una quotidianità ancora diversa: si ritrovano nei punti di raccolta lungo il confine, per essere caricati in pick-up e furgoncini da un caporale che li porterà al di là del muro. Ne incontriamo un piccolo gruppo in un villaggio nel sud-ovest della Cisgiordania,[4] nel distretto di Hebron. Si stanno preparando a passare, una trafila ormai nota: al caporale, palestinese con contatti in Israele, vengono pagati tra i 200 e i 500 shekel a viaggio (dai 50 ai 125 euro), ci dicono, a seconda della distanza da percorrere. C'è chi deve arrivare a Tel Aviv, chi fino ad Haifa e alla Galilea.

«L'autista – spiega uno di loro, F., mentre sorseggia l'ultimo caffè prima della partenza – ci porta al di là del confine e ci consegna a un altro mediatore che sa già dove deve condurci. È tutto organizzato. Attraversiamo il confine in gruppi grandi, di quindici-venti persone, stipate in piccoli furgoni come una scatoletta di tonno. È pericoloso: se i soldati ci vedono ci sparano, a volte solo gas lacrimogeni, altre proiettili». In realtà, dietro, c'è una complessa macchina organizzativa che vede coinvolti clan locali e aziende compiacenti alla caccia di lavoratori a basso costo e zero diritti. Le autorità

4   Il nome della comunità non viene riportato su espressa richiesta dei lavoratori illegali e dei caporali.

israeliane ne sono perfettamente consapevoli e intervengono solo in alcuni casi, per garantire alle proprie compagnie l'afflusso di manodopera illegale.

Lo spiega bene il racconto di un altro lavoratore, residente nel distretto di Betlemme: «Io, come molti altri, passo dalla valle di Wadi Nar, che collega Gerico a Gerusalemme. È successo che i soldati ci individuassero e ci fermassero. Ci contavano e decidevano quanti farne passare, perché gli ordini sono di farne transitare la maggior parte. Dicono: "Qualcuno dobbiamo fermarlo, così, per pro forma". Per loro siamo solo carne da macello».

Una volta arrivati in territorio israeliano inizia un lungo periodo di fatica e sottomissione: si lavora dieci-dodici, anche quattordici ore al giorno, in agricoltura e nelle costruzioni. Chi riesce a entrare resta almeno due-tre settimane per coprire le spese dei trafficanti e quelle del cibo e dell'acqua, che le compagnie scalano dalla paga. «Dormiamo nei cantieri – continua F. – o in piccoli boschi o edifici abbandonati vicino al posto di lavoro. Un luogo che non sia troppo visibile nel caso passi la polizia: se ti trovano ti arrestano per almeno tre giorni, ti picchiano e poi ti riportano in Cisgiordania con il divieto di entrare in Israele per almeno tre anni, pena il carcere. E poi si torna a casa, sperando di essere pagati dai subappaltatori che ci assumono. In genere il salario è di 150-250 shekel al giorno al lordo di cibo e acqua (40-60 euro), per cui alla fine ne resta la metà perché i prezzi sono più alti in Israele. A tutti noi è successo almeno una volta di non essere pagati, di lavorare per settimane e tornare a mani vuote e con debiti con i compagni di lavoro».

Nessun diritto, nessuna sicurezza. Nel caso di incidente, non affatto raro nei cantieri e nei campi, il lavoratore è lasciato a se stesso, senza alcuna copertura sanitaria. E quando l'incidente è mortale – la piaga delle morti bianche tra i lavoratori illegali palestinesi è un fenomeno poco noto, ma drammatico – tocca alla famiglia pagare i servizi medici israeliani per avere indietro il corpo.

Ma è la sola scelta per tanti palestinesi che nei territori non trovano un lavoro, disintegrato da politiche chirurgiche di sottrazione dei mezzi di sussistenza. Il percorso intrapreso dall'economia palestinese è rintracciabile nel concetto di de-sviluppo introdotto già 1995 dalla ricercatrice Sara Roy:[5] prendendo a modello la Striscia di Gaza dal 1967 al post-Oslo, Roy analizza le strategie e le misure politiche adottate dai vertici israeliani che hanno avuto come loro naturale conseguenza il totale blocco dello sviluppo economico attraverso l'annullamento della capacità di produrre.

Una realtà che non resta relegata alla Striscia, ma che ha investito e investe tutti i territori occupati andando a creare economie separate, incapaci di interagire e private delle normali e positive fonti di sviluppo. Gaza, Cisgiordania e Gerusalemme est sono state fisicamente divise e dalla separazione geografica in enclavi non ha potuto che emergere quella dei mercati e della produzione. Il mix di annessione, isolamento e esternalizzazione, che ha avuto il suo apice con la costruzione del muro a partire dal 2002, ha innalzato in pochi anni il tasso di povertà (soprattutto a Gerusalemme est dove sotto il livello minimo restano inchiodati il 75% dei residenti, l'80% dei bambini), generato una mancanza strutturale di infrastrutture e servizi, depauperato il settore commerciale, annullato quello turistico.

Alla spada di Damocle israeliana si aggiunge un altro peso che schiaccia le ambizioni economiche del popolo palestinese: l'Autorità nazionale. Figlia di Oslo, tomba dell'Olp e per molti del movimento di liberazione, è una delle migliori creazioni uscite dal cilindro di Tel Aviv: l'Anp, governo senza territorio, amministrazione senza Stato, si è fatta carico degli obblighi che Israele aveva nei confronti del popolo occupato, secondo quanto previsto dal diritto internazionale e dalla quarta convenzione di Ginevra.

---

5   S. Roy, *The Gaza Strip. The political economy of de-development*, Institute for Palestinian Studies, Washington 1995.

Attraverso il processo di Oslo, Israele ha appaltato l'occupazione: il controllo militare dell'area A alle forze di sicurezza palestinesi, addestrati da Stati Uniti e Giordania, e le responsabilità amministrative e civili alla nascente Anp. Nei due decenni a seguire tale sistema ha definito la natura dell'Autorità nazionale: da una parte primo datore di lavoro nei territori occupati (oggi si contano centocinquantacinquemila dipendenti pubblici, contro i sessantamila effettivamente necessari a garantire i servizi statali, grazie alle ingenti donazioni estere), dall'altra potere patriarcale e repressivo dei movimenti di resistenza di base.

Un sistema estremamente fragile: Oslo ha segnato il definitivo declino dell'economia di Cisgiordania e Gaza. Le chiusure imposte dall'occupazione israeliana sia verso Israele che verso il mondo arabo, insieme alla separazione fisica dei territori, hanno fatto crollare il numero di palestinesi autorizzati a entrare (e quindi lavorare o fare affari) nelle città israeliane, ben presto sostituiti da lavoratori immigrati provenienti dall'Asia dell'est. Hanno bloccato lo sviluppo produttivo con coprifuoco prolungati e la ri-occupazione militare delle città palestinesi nella seconda Intifada. E hanno tagliato la Palestina fuori dal suo mercato naturale, il mondo arabo. I palestinesi immigrati nel Golfo e nel Levante sono stati allo stesso modo sostituiti da lavoratori a basso costo dai paesi asiatici, facendo crollare una delle principali fonti di ricchezza per i territori, le rimesse dall'estero.

E se tra le principali responsabilità di un governo c'è la definizione di una strategia economica efficace, l'Anp ha optato per la facile via del neoliberismo. Facile perché politicamente imposta dai donatori internazionali, facile perché prodotto di quel premier, Salam Fayyad, vituperato all'interno ma omaggiato all'esterno, visto che usciva direttamente dagli uffici della Banca mondiale. La politica economica imbastita da Fayyad tra il 2007 e il 2013 e fondata su un'ampia applicazione delle teorie economiche del libero mercato ha definitivamente trasformato l'economia palestinese e di conseguenza la società: le misure neoliberiste attuate – e ben presto etichettate come "fayyadismo" – hanno puntato sul settore dei servizi, oggi 71%

del Pil palestinese,[6] lasciando un mero 1% del budget statale al settore agricolo. Hanno aumentato le tasse e moltiplicato il tasso di indebitamento con le banche. Prestiti che non sono diretti mai – o quasi – a progetti imprenditoriali ma al mero consumo, casa, elettrodomestici, matrimoni, auto, cellulari. Una realtà del tutto nuova per il popolo palestinese, che ora investe buona parte delle famiglie dei territori occupati e che in pochi anni ha annichilito molte delle spinte all'indipendenza: secondo le statistiche della Palestinian Monetary Authority del 2013, due terzi dei mutui bancari sono stati destinati ad attività immobiliari, spese con carte di credito, acquisto di automobili.

«Le riforme di Fayyad – analizza Basel Natsheh – non hanno mai puntato a gettare le basi di un reale sviluppo economico, ma a costruire e creare istituzioni statali come se avessimo uno Stato indipendente. La sua era un'agenda nascosta, ma neppure troppo: ha applicato le raccomandazioni del Fondo monetario internazionale per ridurre la dipendenza dell'Anp dalle donazioni straniere. La conseguenza è stata un aumento delle tasse, un peso enorme sulle spalle della popolazione palestinese, e il congelamento del settore produttivo. Osservate il tipo di crescita negli anni del fayyadismo: è stata meramente verticale e non orizzontale, non c'è stato alcun impatto nel settore produttivo, nel numero di compagnie attive, nel tasso di occupazione. Al contrario il tasso di povertà si è espanso rapidamente, l'inflazione era in permanente crescita, mentre deteriorava l'economia produttiva con la chiusura di tantissime aziende per l'incapacità di competere a causa degli alti costi. La qualità della vita non è affatto migliorata».

«L'attuale approccio neoliberale – scrive Ibrahim Shikaki sul think tank al-Shabaka – non è solo problematico dal punto di vista economico, ma ha anche avuto un impatto distruttivo sulle aspirazioni nazionali palestinesi. Il neoliberismo si fonda

---

6   Dato riferito all'anno 2014. Nello stesso anno l'agricoltura ha inciso sul Pil per il 5,5% e l'industria per il 23,4% http://data.un.org/CountryProfile.aspx?crName=State%20of%20Palestine.

sull'espansione della definizione di mercato in ogni aspetto dell'attività umana. Invece della resistenza economica all'occupazione, come il rifiuto a pagare le tasse a Israele o il boicottaggio del mercato del lavoro e dei prodotti israeliani, è stata promossa la cooperazione economica».[7]

In particolare la classe politica palestinese ha puntato, seguendo le raccomandazioni dei donatori, sullo sviluppo di servizi e tecnologie, definite dagli osservatori attività "che circumnavigano l'occupazione": «L'approccio neoliberale dell'Anp – aggiunge Shikaki – ha avuto un graduale ma profondo impatto sulle scelte e le tendenze di consumo della gente. I consumi dei palestinesi non sono in linea né con il livello salariale né con la più generale situazione di sotto occupazione».

Lo dicono gli ex attivisti, figure centrali a livello locale della prima Intifada: «Chi può permettersi oggi un'altra sollevazione popolare? – ci spiega A. H., ex prigioniero politico e oggi dipendente di una Ong locale –. Abbiamo mutui da pagare, figli che studiano, lavori da tenere con i denti. Non possiamo bloccare tutto di nuovo, dobbiamo mangiare».

La spiegazione è lineare: il 70% del denaro prestato dalle banche, dice Natsheh, resta alle banche. Ogni mese gli stipendi dei dipendenti pubblici finiscono agli istituti bancari che li reinvestono in mutui e prestiti agli stessi correntisti. Che diventano dipendenti dall'Anp, primaria fonte di sopravvivenza per decine di migliaia di famiglie. La possibilità di proteste organizzate e partecipate evapora.

I contadini di Falamiya e le boutique di Rawabi

Mera sopravvivenza, dunque, la ricerca di una normalità che non esiste. Lo specchio delle contraddizioni interne lo si vede girando per la Cisgiordania, passando dalle terre lungo la Linea verde alla bolla speculativa di Ramallah.

7   Vedi https://al-shabaka.org/briefs/building-a-failed-state/.

Falamiya è un piccolo villaggio di contadini, alle porte di Qalqiliya, nord ovest della Cisgiordania. Qui il muro ha fatto scempio degli appezzamenti di terra, prima del 2002 principale fonte di sostentamento per le comunità locali. E se la città di Qalqiliya dal muro è ormai circondata (si esce e si entra solo dalla strada orientale), i villaggi intorno hanno perso l'accesso alle terre, ora al di là della barriera.

Secondo il rapporto Ocha "The humanitarian impact of the barrier",[8] il muro (lungo 712 chilometri, più del doppio della lunghezza della Linea verde, confine ufficiale tra Israele e Cisgiordania) ha confiscato il 10,2% delle terre di proprietà palestinese. Circa centocinquanta comunità possiedono terre ora al di là della barriera. Per accedervi è necessario ottenere uno speciale permesso dalle autorità israeliane, che garantisce il passaggio da uno dei settantaquattro checkpoint agricoli lungo il muro. È il caso di Falamiya: ogni mattina al checkpoint una lenta processione di contadini si avvicina. Chi sull'asino, chi a piedi, chi in bicicletta, chi alla guida di un piccolo trattore.

Contadini "fortunati": quello di Falamiya è uno dei diciannove checkpoint agricoli aperti trecentosessantacinque giorni all'anno. Apre alle 5 del mattino e chiude alle 5 del pomeriggio. Altro colpo di fortuna: nel villaggio accanto, Jayus, i pochi palestinesi con permesso di accedere alle proprie terre hanno a disposizione solo tre finestre, dalle 5:30 alle 6:30, dalle 12 alle 13, dalle 15 alle 16. Si entra e si esce solo agli orari stabiliti. Per il resto del tempo, chi è dentro è dentro, chi è fuori è fuori.

Abu Hazzam ha sessantatré anni e un appezzamento di terra di proprietà della sua famiglia da generazioni. Ha anche un permesso israeliano con cui attraversare ogni mattina il checkpoint, passare ispezioni e perquisizioni e finalmente andare a lavorare la sua terra. Negli anni i guadagni sono crollati:

---

8   Vedi https://www.ochaopt.org/documents/ocha_opt_barrier_factsheet_july_2013_english.pdf.

i figli non hanno ottenuto lo stesso permesso (rilasciato solo al capo famiglia) e dentro fertilizzanti e macchinari agricoli non possono entrare.

«Difficile lavorare da soli la terra – ci racconta Abu Hazzam – Soprattutto nella bella stagione, quando crescono olive, avocado, mandarini, guava. Non riesco mai a completare il lavoro. E per ottenere il permesso la trafila è lunga: devi presentare la carta d'identità, il certificato di proprietà della terra rilasciato dal dipartimento israeliano e un documento del tribunale israeliano che attesta che la terra in questione si trova al di là del muro. In genere riesco a ottenere permessi per uno, due o tre mesi. Poi devo fare di nuovo domanda».[9]

Abu Hazzam ci saluta, sono già le 6, è tempo di affrontare i soldati al posto di blocco. Anche oggi non sarà una giornata produttiva. Un circolo vizioso: se crolla la produzione, aumentano i prezzi; e se salgono i costi (soprattutto per l'acqua, che la compagnia semi-statale israeliana Mekorot vende ai palestinesi grazie al controllo dell'87% delle falde acquifere della Cisgiordania) è impossibile riuscire a competere con la produzione agricola delle colonie israeliane. Basta fare un giro per i mercati della frutta e della verdura nelle città palestinesi, a Betlemme, Hebron, Nablus: i prodotti israeliani occupano le bancarelle, accanto anziane donne vendono per strada quel poco che la terra ha dato loro in una settimana.

Scendendo da Falamiya e addentrandosi nelle colline a est di Ramallah, l'atmosfera cambia: tra ulivi e colonie è spuntata in poco tempo una nuova città. Stavolta nessun insediamento illegale israeliano. È Rawabi, faraonico progetto palestinese, una città nuova di zecca che nella visione del multimilionario che l'ha fondata, Bashar al-Masri, dovrà fare da modello della nuova economia palestinese. Oltre un miliardo di dollari di investimento, il 70% del quale finanziato dal Qatar, 630 ettari di superficie, ventitré quartieri, hotel a 5 stelle, spa, palestre, sette banche, uno stadio, una chiesa, una moschea e un

---

9   Intervista rilasciata nel dicembre 2013.

anfiteatro. Dentro dovrebbero finirci trentamila palestinesi nei primi anni, quarantamila nel decennio successivo.

Modello dello sviluppo palestinese, dicono. Peccato che buona parte delle compagnie di costruzione impegnate a Rawabi siano israeliane. La chiamano "pace economica", uscire dal conflitto facendo affari, massima aspirazione di un centinaio di imprenditori israeliani e palestinesi che negli ultimi anni organizzano conferenze e tavole rotonde per sostituirsi alla politica. Un'idea nata già negli anni Ottanta del secolo scorso, quando Israele intraprese la via del libero mercato e delle privatizzazioni. Alla fine di quel decennio, pochissimi anni prima di Oslo, l'élite economica israeliana cominciò a fare pressioni perché il governo si sedesse al tavolo del negoziato con i palestinesi. Personalità come Dov Lautman, amministratore delegato della Delta Textiles e presidente dell'Associazione dei produttori israeliani, Danny Gilerman, presidente delle Camere di commercio, e Benny Gaon, amministratore delegato di Koor, avviarono la prima seria campagna di lobby in tal senso: il capitalismo liberista come strumento per la pace, sul modello dell'Europa del dopoguerra e della sua integrazione economica regionale.

«L'economia da sola – ci spiega Bashar al-Masri,[10] magnate di Rawabi, finito nel mirino della campagna di boicottaggio Bds che lo ha accusato di normalizzazione – non porta alla pace, ma penso che un'economia migliore possa aiutare la pace. La politica è necessaria, ma ciò non significa che non possiamo muoverci parallelamente: gli imprenditori israeliani possono trarre beneficio da noi e noi possiamo trarre beneficio da loro. Il concetto di normalizzazione è stantio, a chi ancora ne parla dico di svegliarsi: la nostra economia può beneficiare molto da quella israeliana se lavoriamo su basi egualitarie, non ci vedo nulla di sbagliato».

L'errore sta proprio nelle basi egualitarie millantate. Neppure Rawabi, città nata dal nulla e specchio della bolla

---

10   Intervista rilasciata nel febbraio 2014.

neoliberista palestinese, si salva: per mesi è stato impossibile autorizzare le prime famiglie a trasferirsi negli appartamenti acquistati perché Israele per anni ha negato l'autorizzazione a costruire una rete idrica sul modello di quella che serve ventiquattro ore al giorno le colonie israeliane. Alla fine al-Masri l'ha spuntata, forte dei rapporti stretti con l'élite economica e politica di Tel Aviv, una fortuna che non tocca le centinaia di comunità della Cisgiordania e di Gaza, costrette a raccogliere acqua nelle cisterne sui tetti approfittando delle poche ore a settimana in cui Israele apre i rubinetti.

Sotto gli occhi resta una realtà falsata, distante anni luce dalle città palestinesi dei territori occupati, e un obiettivo chiaro: trasformare i palestinesi da produttori a meri consumatori, un processo in corso da anni e che si sta concretizzando nei centri commerciali di Rawabi, i suoi parcheggi a nove piani, le sue boutique e ovviamente le sue banche. «Il nostro motto è chiaro: Vivere, Lavorare, Crescere – ci dice l'ufficio stampa della neocittà –. Vogliamo che Rawabi diventi un polo di attrazione per tutta la Palestina, che verrà qui per lo shopping e per il divertimento. Quello che vogliamo è proprio questo: che i futuri acquirenti vengano qui e trovino tutto quello di cui hanno bisogno. Tutto deve essere pronto e a disposizione, ogni bisogno deve essere soddisfatto».

Spendere, panacea a tutti i mali. Ma la malattia continua a mordere, a debilitare un corpo distrutto. Quel corpo nega alla base il concetto di "pace economica": fare business insieme per fare la pace è un ritornello vetusto che si basa sull'accantonamento dei diritti politici e di autodeterminazione del popolo palestinese. Un mantra stantio ma che danneggia seriamente la già debole economia palestinese: nel 2011 uno studio del ricercatore palestinese Issa Smeirat calcolava che gli investimenti privati di uomini d'affari palestinesi all'interno di Israele ammontava ad almeno due miliardi di dollari e mezzo, il doppio del denaro investito nei territori occupati.

«Tra i più inquietanti effetti dell'occupazione del 1967 prima e degli accordi di Oslo dopo – spiega l'economista Basel

Natsheh – c'è il fenomeno dei *nouveau riche*, i nuovi ricchi. Prima di Oslo esistevano tre classi nella società palestinese: alta, media e bassa. Oggi il divario si è ampliato e la classe media è scomparsa. Rimangono solo una classe alta sempre più ricca che vive nel lusso e nel benessere e una classe bassa sempre più povera che combatte ogni giorno per sopravvivere. È il frutto del matrimonio tra i nuovi ricchi e l'Anp che provoca l'alienazione e l'isolamento del resto della popolazione: la società palestinese vive una nuova dicotomia, tra chi detiene potere economico e politico e chi rappresenta la maggior parte della popolazione, senza alcun collegamento tra le due classi. Una divisione che si aggiunge al ruolo dell'occupazione militare che distrugge terre, le confisca, pone checkpoint, ruba risorse naturali».

Un matrimonio, quello tra élite economica e politica, che è strettamente intrecciato a un'altra unione, altrettanto stabile: quella rappresentata da Rawabi, tra businessman palestinesi e businessman israeliani. A incoraggiare, più di chiunque altro prima di lui, le attività congiunte tra uomini di affari dai due lati del muro è stato il premier Fayyad: ha promosso la strategia della pace economica, grande minaccia per la lotta di liberazione perché non ha fatto che allargare il gap tra la base e l'élite: «Un esempio – aggiunge Natsheh – è il cosiddetto corridoio della pace, a Gerico, che nella mente degli uomini di affari palestinesi e israeliani che lo hanno ideato permetterà a Israele di entrare nel mercato del mondo arabo attraverso l'est della Cisgiordania e la Giordania. Il fayyadismo ha dunque pavimentato la strada alla penetrazione israeliana nel mercato arabo e alla normalizzazione dei rapporti senza mettere in discussione l'occupazione militare e la questione dei rifugiati della diaspora. Un paradosso nel quale gli interessi dei nuovi ricchi crescono in parallelo con l'occupazione. Queste persone sono escluse dalle chiusure e dai blocchi, sono dei privilegiati con in mano permessi concessi da Israele per fare quello che vogliono e andare dove vogliono, dimenticando di essere parte di un popolo occupato e che non dovrebbero avere simili relazioni con l'occupante. Con il denaro che accumulano, figlio delle relazioni con Israele, negano e nascondono la condizione di un popolo sotto occupazione impegnato in un processo di liberazione».

Capitolo nove

La comunità internazionale e il mantenimento dello status quo

Gli scaffali si svuotano, i prodotti israeliani con il loro codice a barre 729 vengono portati via: qualche negoziante li brucia, qualcun altro li vende e poi non li ordina più. Fuori i ragazzi girano con magliette nere, sopra un cuore e la scritta "We are all Gaza". È agosto 2014, l'operazione militare israeliana "margine protettivo"[1] contro la Striscia è entrata nel suo secondo mese: la Palestina non riesce quasi più a tenere il conto dei morti, dei raid, delle stragi di civili.

Nel resto dei territori occupati e dentro lo Stato di Israele la società civile palestinese si organizza, riprendendo in mano lo strumento che più di altri sa intaccare gli interessi israeliani: il boicottaggio. Come funghi in poche settimane spuntano ovunque piccole campagne, nelle città e nei villaggi, mentre adesivi che invitano a non acquistare i prodotti israeliani vengono attaccati sulle saracinesche e le vetrine dei negozi. Gruppi di giovani vanno a parlare con i commercianti, li invitano a boicottare, a disfarsi dei prodotti israeliani; a Gerusalemme le famiglie palestinesi fanno la spola con la Cisgiordania per fare la spesa, i gerusalemiti evitano di prendere il tram israeliano che collega la città santa alle colonie.

---

1   Iniziata l'8 luglio, terminerà il 26 agosto, con un bilancio finale di 2.250 morti secondo i dati Onu tra la popolazione gazawi (2.310 secondo il Ministero della salute di Gaza), di cui oltre il 70% civili, e 73 israeliani di cui 67 soldati.

Gaza riesce nell'impresa fallita da anni dai partiti tradizionali: unire il popolo palestinese intorno a un obiettivo comune, scavalcare la percezione di separazione in gruppi distinti figlia della divisione messa in atto da Israele (attraverso diverse carte di identità, diversi diritti, un diverso livello di oppressione e di "integrazione") e della scomparsa dell'Olp e di una strategia di lotta nazionale.

Il boicottaggio diventa lo strumento, già utilizzato nei decenni precedenti: durante la prima Intifada quando le comunità si autorganizzarono per far fronte all'assenza totale di servizi e, in tempi più recenti, nel 2010 quando le compagnie israeliane videro sfumare milioni di dollari di profitti dopo mesi di boicottaggio dei loro prodotti.

Uno strumento efficace ma difficile da portare avanti nei territori, vuoi per la mancanza di alternative, vuoi per i costi più alti della produzione locale, vuoi per una generale disaffezione alla lotta di base. Ma di vittorie significative ne sono state archiviate, grazie alla mobilitazione che dodici anni fa spinse la società civile palestinese a mettere in pratica una campagna che aveva avuto successo contro il regime di apartheid sudafricano.

È il 9 luglio 2005 quando centosettanta associazioni palestinesi si uniscono sotto l'ombrello del Bds, Boycott disinvestment and sanctions, un appello alla comunità internazionale fondato su tre obiettivi: la fine dell'occupazione militare dei territori occupati e lo smantellamento di muro e colonie, la piena uguaglianza dei palestinesi cittadini israeliani e il ritorno dei rifugiati dalla diaspora. Lo scopo è chiaro: mobilitare le opinioni pubbliche internazionali contro il colonialismo di insediamento israeliano e le pratiche di apartheid attuate dalle autorità di Tel Aviv. Un movimento globale di cittadini, della base, che superi lo stallo del fallimentare processo di pace e l'immobilismo dei governi.

Sono trascorsi dodici anni da allora e il Bds è riuscito a segnare vittorie importanti: grazie alla nascita di una rete internazionale con filiali in quasi ogni paese del mondo, associazioni, sindacati, campus universitari hanno aderito alla

chiamata lanciando campagne locali e globali contro le aziende che fanno profitti investendo nell'occupazione israeliana.
Dalla Veolia (multinazionale che fornisce servizi ai comuni e
agli enti locali, raccolta dei rifiuti, gestione della rete idrica,
trasporti pubblici) a G4S (corporazione del settore della sicurezza che fornisce personale, tecnologie militari e di controllo delle carceri) sono decine le compagnie che in pochi anni
hanno perso miliardi di dollari a seguito delle pressioni della
campagna di boicottaggio.

Ma, dicono gli attivisti internazionali, a dare la misura reale
del successo del Bds sono le reazioni di Israele.[2] Se nei primi
anni non vi prestava attenzione, etichettando il boicottaggio
come l'iniziativa di pochi irriducibili, oggi lo teme: "Una minaccia strategica", l'hanno definita a metà 2015 i leader israeliani. Tanto da investire venticinque milioni di dollari all'anno
in campagna di contro-informazione, che risollevino l'immagine di un paese tacciato di apartheid e segregazionismo. Tanto da promuovere una legge, poi approvata dalla Knesset, che
criminalizza il Bds e chi lo compie, prevedendo multe salate a
chiunque – individui e associazioni – lo promuova e chiudendo le porte agli stranieri in ingresso se membri del movimento.
In questi mesi si stanno registrando i primi divieti di ingresso
all'aeroporto Ben Gurion di Tel Aviv.

«Il boicottaggio – spiega Stephanie Westbook, Bds Italia –
è stato scelto perché ha dimostrato la sua efficacia in altri paesi
e periodi storici. Nel contesto israeliano ha un impatto significativo perché Israele soffre di una debolezza: la necessità di
dare all'esterno una certa immagine di sé, il bisogno di mante-
nerla e non vederla intaccata. Israele vive e sopravvive grazie ai
contratti militari e ai rapporti politici, economici e diplomatici

---

2 Secondo un rapporto del Ministero delle finanze, Israele potrebbe arrivare a perdere
dieci miliardi di dollari e cinquecento posti di lavoro l'anno in caso di boicottaggio totale
(http://www.timesofisrael.com/state-report-boycott-could-cost-israel-nis-40-billion-per-
year/). Un secondo rapporto dei Rand Corporation stima una perdita di nove miliardi
di dollari l'anno e cinquanta in dieci anni (http://www.rand.org/pubs/research_reports/
RR740-1.html).

con la comunità internazionale. Per questo il boicottaggio può avere effetti concreti, per questo è stato scelto».[3]

A dodici anni dall'appello del Bnc (Bds National Committee) e del Pacbi (Palestinian campaign for the academic and cultural boycott of Israel), il movimento è maturato, si è adattato alle sfide e ai diversi contesti di intervento: dai primi flash mob si è passati alle pressioni sui consigli comunali, dalle azioni nei supermercati si è partiti per organizzare campagne strutturate contro le imprese che investono nell'occupazione. «Si è venuto a realizzare un effetto-domino tra le aziende target che dà credibilità al movimento nel momento in cui sempre più compagnie si ritirano da Israele. Le società che rimangono devono ora giustificare perché restano, come successe in Sudafrica».

In Italia il Bds è stato lanciato da alcuni gruppi che avevano subito aderito all'appello del 2005. Ma è a Bologna nel 2011 che le associazioni aderenti decidono di dare vita a Bds Italia, creare un sito web unico e scegliere insieme le campagne su cui lavorare. Un coordinamento strutturale, dunque, che individua nei legami con altre campagne nazionali il piede di porco per far entrare la questione palestinese nel discorso civile.

«Questo è quello su cui puntiamo a livello internazionale: legare le lotte perché il sistema da combattere è unico – continua Westbook –. Abbiamo visto che tipo di impatto può avere il discorso del Bds su persone già sensibili, impegnate su altri fronti. È il caso del Forum Acqua o del movimento contro le basi militari, come in Sardegna dove ad addestrarsi è anche l'esercito israeliano. Ricevendo l'adesione di campagne locali, si è allargato il bacino di interesse intorno alla questione palestinese».

La reazione degli alleati israeliani e il modello securitario

La solidarietà di base ha un effetto: le piccole e timide misure assunte dall'Unione europea, l'etichettatura dei prodotti

3   Intervista rilasciata nel gennaio 2017.

provenienti dalle colonie israeliane e l'esclusione dal programma Horizon 2020[4] degli enti con sede negli insediamenti ebraici in Cisgiordania.

Dall'altra parte stanno gli Stati occidentali, impegnati – al pari di Israele – nella criminalizzazione del Bds inteso (stravolgendone il significato politico) come forma di discriminazione religiosa ed etnica, accusando promotori e sostenitori di antisemitismo e facendo dunque propria la narrativa israeliana che fa combiaciare giudaismo e sionismo, in un corto circuito ideologico che occulta la natura coloniale laica dello Stato israeliano.

«La Francia – aggiunge Westbook – sta usando una legge già esistente sulle discriminazioni e un'altra contro l'intralcio al commercio per colpire gli attivisti Bds; la Gran Bretagna vieta agli enti locali di disinvestire da società israeliane e di escludere certe aziende dalle gare di appalto; la Spagna muove cause legali contro più di cinquanta piccoli comuni che si sono dichiarati apartheid-free, sempre sulla base della non-discriminazione. E poi c'è la legge in discussione al Senato italiano: è stata presentata a novembre 2015, assegnata in commissione ad agosto 2016 ma la discussione non è ancora partita. Segue il modello francese: prevede multe e incarcerazione, misure pesantissime giustificate con il reato di intralcio al commercio e discriminazione sulla base di razza, religione, etnia o appartenenza a Stato o territorio, una dicitura aggiunta proprio per farci rientrare i territori palestinesi».

La comunità internazionale, termine che racchiude un mondo composto e frammentato, continua ad avere un ruolo centrale nella mancata soluzione della questione palestinese. La schizofrenia delle misure assunte, l'assenza totale di sanzioni nei confronti di uno Stato che viola sistematicamente le centinaia di risoluzioni Onu contro l'espansione coloniale o la costruzione del muro, gli affari miliardari dell'industria militare hanno permesso a Israele di evitare di diventare uno Stato pariah come fu il Sudafrica degli afrikaneers.

---

4   Accordo siglato nel 2014 per la cooperazione in attività di ricerca e sviluppo.

Se deboli e contradditori segnali sembrano arrivare dalle istituzioni mondiali, da ultimo la recente risoluzione del Consiglio di sicurezza, la numero 2334[5] che condanna le colonie israeliane (ricevendo per la prima volta la "benedizione" degli Stati Uniti del presidente uscente Obama che non ha posto il veto preferendogli un'astensione del tutto politica), a imporsi sullo scenario internazionale è il mantra fallito del processo di pace. Uno strumento che mantiene lo status quo, impedisce di compiere passi concreti verso l'autodeterminazione del popolo palestinese, sancita dal diritto internazionale e chiusa nel contenitore stantio della soluzione dei "due Stati".

Dopo oltre vent'anni di permanente processo di pace, intervallato da attacchi militari e selvaggia espansione coloniale, da vuote conferenze di pace che non hanno ottenuto nulla se non l'istituzionalizzazione dell'occupazione militare, Israele vive oggi una seconda giovinezza. Mentre aumentano costantemente i paesi che riconoscono lo Stato di Palestina (centotrentasei su un totale di centonovantatré membri Onu, ultimo in ordine di tempo il Vaticano che ha inaugurato a gennaio 2017, alla presenza del presidente Abu Mazen, la sede dell'ambasciata palestinese), la guerra permanente al terrorismo lanciata dal presidente Usa, Bush, nel 2001, fornisce a Tel Aviv un nuovo strumento di legittimazione.

È il modello securitario che da decenni applica ai territori occupati, laboratorio militare permanente e prigioniero, e che vive oggi una sua evoluzione: se l'industria militare ha fatto le fortune dell'economia interna, grazie alla vendita a privati, a corpi di polizia e a Stati di armi e tecnologie militari sperimentate con successo a Gaza e in Cisgiordania, oggi è l'intero pacchetto ad attirare l'Occidente in una distorsione della realtà che pone sullo stesso piano il terrorismo

---

5   Votata dal Consiglio di sicurezza il 23 dicembre 2016 con quattordici voti a favore e l'astensione, storica, degli Stati Uniti, condanna l'espansione coloniale e la modifica dello status quo di Gerusalemme. Il testo completo: http://nena-news.it/palestinaisraele-il-testo-della-risoluzione-onu-sulle-colonie/.

internazionale di matrice islamista con il movimento di liberazione palestinese.

In tale visione, ampiamente sponsorizzata dall'attuale governo israeliano di ultra-destra, gli attacchi rivendicati dall'Isis su territorio europeo vanno considerati alla stregua dei tentati o riusciti accoltellamenti compiuti da giovani palestinesi contro soldati o civili israeliani. Senza tenere conto di motivazioni politiche, ideologiche o sociali e delle radici dell'occupazione, il riferimento è immediato e ha un risultato significativo: Israele è l'avamposto europeo in Medio oriente, Israele siamo noi, Israele è vittima della stessa macchina terroristica, riconoscibile su base etnica o religiosa, categorizzabile in compartimenti stagni figli di una divisione del mondo in gruppi razziali o confessionali. I metodi usati per reprimere qualsiasi forma di resistenza, generalmente condannati dalle organizzazioni internazionali per i diritti umani, si elevano dunque a strumenti legittimi e applicabili ai contesti occidentali, dalla detenzione amministrativa agli arresti arbitrari fino all'uso della legge marziale nel caso di processi a civili.

Ma l'apprezzamento per il modello israeliano non è nuovo: durante l'invasione del Libano del 1982 il silenzio della Casa Bianca fece il paio con l'interesse verso la strategia e gli armamenti israeliani, mentre durante la seconda Intifada «la lezione delle operazioni militari israeliane del marzo-aprile 2002 contro le città e i campi profughi palestinesi è stata velocemente incorporata nei manuali del corpo dei marines americani».[6] Gli allora capi dell'esercito Usa non fecero troppo mistero dell'attenzione verso i metodi dell'esercito israeliano, intravedendovi lezioni da imparare nell'ambito della guerriglia urbana al terrorismo.

E mentre l'aeroporto internazionale di Tel Aviv viene preso dai media nostrani come modello di alta sicurezza (un non-luogo in cui si assiste alla separazione fisica in gruppi a seconda dell'appartenenza etnica e religiosa, al diverso trattamento da parte degli addetti alla sicurezza a seconda del numero di pericolosità

6   N. H. Aruri, *op. cit.*, p. 70.

assegnato a ogni viaggiatore, a interrogatori fiume che violano la privacy sia identitaria che fisica), è a monte del progetto sionista che si deve risalire. Lo Stato di Israele è nato nel grembo del più ampio movimento nazionalista e colonialista europeo a cavallo tra Ottocento e Novecento, alimentato dal mix di antisemitismo più o meno latente e necessità di instaurare un'enclave bianca e occidentale nel cuore del Medio oriente e del Nordafrica, di quel mondo arabo dalle immense ricchezze naturali ma intrinsecamente pericoloso: una sua definitiva unità avrebbe potuto creare un polo di competizione difficilmente gestibile.

La partizione, la suddivisione, la frammentazione: è la risposta, realizzata attraverso il sostegno a leader divisivi, con promesse di indipendenza già macchiate dall'accordo di Sykes-Picot, attraverso la nascita di confini innaturali che hanno separato popoli e identità politiche e culturali specifiche. E attraverso lo Stato di Israele: è del 1907 il documento passato alla storia come Campbell-Bannerman, dal nome dell'allora primo ministro dell'impero britannico e sottoposto a sette paesi europei in vista della formazione di un comitato che si occupasse esclusivamente della questione araba. Lapalissiane le raccomandazioni mosse dall'Europa coloniale: «Promuovere la disintegrazione, la divisione e la separazione della regione; creare entità politiche artificiali da porre sotto l'autorità dei paesi imperialisti; combattere ogni tipo di unità – che sia intellettuale, religiosa o storica – e prendere misure pratiche per dividere gli abitanti della regione; creare uno "Stato cuscinetto" in Palestina, popolato da una forte presenza straniera ostile ai suoi vicini e alleata dei paesi europei e dei loro interessi».[7]

In breve la storia recente del Medio oriente e del Nordafrica. Oggi quella necessità eurocentrica di divisione e separazione si traduce nel sostegno a Israele e alla mancata volontà di imporre le decisioni assunte dalla comunità internazionale a partire dalle innumerevoli risoluzioni delle Nazioni unite sul tema palestinese. La diplomazia mondiale ha optato e opta per

---

7   Dal rapporto Campbell-Bannerman del 1907.

il mantenimento dello status quo, apparentemente cristallizzato da oltre vent'anni di fittizio processo di pace fondato sulla soluzione dei "due Stati". Ma se le legittime richieste palestinesi rimangono congelate, Israele avanza: l'ultima ondata coloniale, lanciata poche settimane dopo l'ultima risoluzione Onu, la 2334, è stata accompagnata da un voto senza precedenti. La "Regulation Bill", passata a inizio febbraio alla Knesset con sessanta voti a favore contro cinquantadue, ha legalizzato gli avamposti coloniali nei territori occupati, ovvero le colonie considerate fuorilegge dalla stessa legislazione israeliana.

Una mossa unilaterale che spiana la strada all'annessione ufficiale della Cisgiordania e che annienta – combinata insieme a numerosi progetti espansionistici precedenti, a partire dal corridoio E1 tra Gerusalemme e valle del Giordano – la possibilità di dare vita a uno Stato palestinese all'interno dei confini del 1967.

L'internazionalizzazione come strumento di legittimità

Israele è stato progettato, partorito e fatto crescere all'interno della comunità internazionale e delle regole che si è data dopo la Seconda guerra mondiale. Se oggi il governo di Tel Aviv insiste sullo strumento negoziale bilaterale per (non) risolvere il conflitto, definendo le poche iniziative dell'Autorità nazionale palestinese come atti unilaterali controproducenti, è attraverso l'internazionalizzazione del proprio essere che ha potuto prosperare.

Dal documento Campbell-Bannerman fino alla dichiarazione Balfour del 1917, dalla risoluzione dell'Assemblea generale Onu 181[8] del 1947 ai trattati di pace con Egitto e Giordania passando per l'accordo stipulato con la Germania nel 1952 (risarcimento per l'Olocausto), lo Stato ebraico ha imposto la propria legittimazione sui riconoscimenti della comunità

---

8   Piano di partizione della Palestina storica in due Stati, uno ebraico sul 55% del territorio e uno arabo nel restante 45%.

internazionale, proponendosi esattamente nella forma in cui è stato immaginato: un'enclave occidentale nel cuore del mondo arabo, colonna portante della strategia statunitense in una regione strategica. Basta sfogliare i dati sugli aiuti che da settanta anni gli Stati Uniti girano nelle casse di Tel Aviv.[9]

Una legittimazione politica che fa il paio con quella commerciale e militare. Un quadro del peso dell'economia militare israeliana lo dà il libro *Gaza e l'industria israeliana della violenza*:[10] nel 2011 il 6,5% del Pil (diciotto miliardi di dollari) è stato destinato all'esercito, ammontare a cui vanno aggiunti gli aiuti statunitensi;[11] quarantatremila gli impiegati nel settore dell'industria militare, centoquarantamila tenendo conto dell'indotto; mille le aziende registrate al Ministero della difesa e seicentottanta quelle con licenza di esportazione.

Israele esporta il 75% della propria produzione militare (sesto al mondo in valore assoluto con quasi sette miliardi e mezzo di dollari l'anno dopo potenze come Stati Uniti, Russia, Francia, Gran Bretagna e Germania), forte di una lunga esperienza di conflitto ad alta e bassa intensità e della creazione di una macchina repressiva altamente tecnologica, quotidianamente sperimentata sui laboratori dei territori occupati. Non è un caso che le vendite balzino in avanti durante e dopo un'operazione militare: è quanto accaduto con "margine protettivo" contro la Striscia di Gaza, quando per la prima volta Israele cominciò a vendere le nuove tecnologie militari mentre l'offensiva era ancora in corso. Fiere vennero imbastite

---

9   Dal 1949 al 1965 Washington ha versato a Israele una media di sessantatré milioni di dollari l'anno, dal 1966 al 1970 centodue milioni l'anno, dal 1971 al 1975 un miliardo l'anno, dal 1976 al 1984 due miliardi e mezzo l'anno. Dall'amministrazione Reagan in poi la media si è assestata sui cinque miliardi e mezzo annui. Somme che non tengono conto di donazioni private, compensi per le guerre combattute, premi per le conferenze di pace, investimenti in fondi americani.

10   E. Bartolomei, D. Carminati, A. Tradardi, *Gaza e l'industria israeliana della violenza*, DeriveApprodi, Roma 2015.

11   Centododici miliardi di dollari dal 1948, con l'ultima assegnazione decisa dal presidente Obama nel settembre 2016 e pari a trentotto miliardi di dollari in dieci anni.

per mostrare le armi che stavano colpendo quotidianamente la popolazione gazawi, in trappola.

E se a Gaza si sperimentano tecnologie per operazioni militari, la Cisgiordania è il laboratorio per le armi non letali di controllo della folla, i proiettili rivestiti di gomma, i moderni gas lacrimogeni, la *skunk water*, le bombe sonore. Armi teoricamente non mortali, vendute all'estero come "strumenti etici di dispersione delle proteste", ma che uccidono regolarmente manifestanti palestinesi durante gli scontri nei villaggi, nei campi profughi o lungo il muro. A ciò si accompagna la cosiddetta guerriglia urbana asimmetrica, fatta di rastrellamenti, raid notturni, arresti indiscriminati, un sistema di repressione che ha permesso nei decenni lo sviluppo di un ulteriore filone commerciale: quello della sorveglianza, delle prigioni di alta sicurezza, dei radar aerei e le barriere elettrificate, delle torrette di avvistamento a controllo remoto, dei droni. Tutti strumenti che l'opinione pubblica europea comincia a conoscere sempre più da vicino perché impiegati lungo le frontiere usate dai rifugiati per entrare in territorio europeo e muoversi al suo interno.

«Israele, modello di paese-fortezza che vanta confini super-militarizzati e impenetrabili e un'esperienza di tutto rispetto nel trasferimento e nella segregazione della popolazione indigena palestinese, è un leader mondiale nello sviluppo e la commercializzazione delle tecnologie di confine usate per limitare la libertà di movimento e per criminalizzare le popolazioni o i gruppi considerati pericolosi per la sicurezza di Stati e regimi repressivi».[12]

Solo una bandiera: il ruolo del mondo arabo

«I paesi arabi circostanti stavano interpretando due ruoli contraddittori. Se da un lato il movimento delle masse arabe fungeva da catalizzatore per lo spirito rivoluzionario delle masse palestinesi, tessendo con queste un rapporto dialettico

12   E. Bartolomei, D. Carminati, A. Tradardi, *op. cit.*

di influenza reciproca, dall'altro i regimi egemoni in quei paesi arabi stavano facendo tutto ciò fosse in loro potere per mettere un freno e minare il movimento di massa palestinese. Questo fenomeno è estremamente importante in quanto la natura delle complesse contraddizioni proprie della situazione palestinese in quel momento, avrebbe potuto sviluppare velocemente la lotta già praticata in altre realtà arabe. [...] Tale situazione spinse [le classi dirigenti] a sostenere sempre l'imperialismo britannico contro i propri omologhi di classe in Palestina».[13]

La lucidità che ha sempre caratterizzato l'attività politica di Ghassan Kanafani la ritroviamo in alcune righe dell'introduzione del pamphlet dedicato alla rivolta palestinese del 1936-39. Nell'approfondita analisi delle radici della lotta di classe all'interno della questione palestinese, emerge fin da subito il ruolo contraddittorio e pernicioso dei regimi di allora, un ruolo che si è ripetuto nei decenni successivi e ha indebolito ulteriormente le spinte indipendentiste palestinesi.

I legami con i poteri coloniali di allora e con il loro prodotto, Israele, ha avuto un impatto distruttivo già prima della Nakba del 1948. I movimenti sociali e politici, di estrazione sia borghese che operaia e contadina, che cercarono di contrastare l'immigrazione ebraica e le azioni delle prime unità paramilitari sioniste vennero sì ostacolate dalla mancanza di un'organizzazione unitaria interna e dal fallimento nell'arabizzazione della lotta, ma anche dalle pressioni compiute dai paesi arabi che vedevano nelle prime forme di resistenza un pericolo per la tenuta dei regimi.

Già da allora è rintracciabile l'abbraccio letale tra sionismo, imperialismo britannico e interessi arabi. Un'unione che si è traslata nelle diverse epoche storiche fino ai giorni nostri e che è stata caratterizzata dalla prevalenza degli interessi economici e strategici su quelli di liberazione. Se i governi e i regimi arabi hanno sempre sventolato la bandiera palestinese come facile slogan per le masse, nelle stanze dei bottoni il movimento di liberazione

---

13   Ghassan Kanafani, *La rivolta del 1936-1939 in Palestina. Contesto, dettagli, analisi*, Centro documentazione palestinese, 2016, p. 15.

è stato costantemente tradito. Lo è stato nel 1948 e negli anni immediatamente successivi, fino alla presa di coscienza della leadership palestinese che decise con l'Olp di appropriarsi della guida del movimento. E lo è stato nel 1967 e dopo, con i primi trattati di pace siglati con Israele – Egitto e Giordania – e con quelli occulti con le petromonarchie del Golfo e la Turchia.

Oggi Israele è parte – sebbene invisibile – di quell'asse sunnita guidato da Riyadh e Ankara, con i quali intrattiene rapporti stabili sia nell'ambito della cooperazione alla sicurezza che in quello economico (oltre alla comune opposizione al ruolo dell'Iran, con l'ombrello più ampio degli Stati Uniti a fare da più alta protezione).

«I regimi arabi sono uno dei principali strumenti della politica estera americana in Medio oriente. Il furioso attacco militare giordano contro il movimento palestinese nel settembre 1970 provocò un danno strutturale che nei decenni successivi continuò a ostacolare la lotta palestinese. [...] L'Egitto fu scelto in un secondo momento per dare ai palestinesi il *coup de grâce*, questa volta in modo pacifico. Con mezzi non militari Camp David (1978) inflisse al nazionalismo palestinese più danni dei precedenti attacchi. Camp David I non solo assicurò la scomparsa dell'Egitto dalla scena strategica araba, ma consentì a Israele di eludere le proprie responsabilità giuridiche nei confronti del popolo palestinese e di scrollarsi di dosso l'impegno di ritirarsi dai territori palestinesi, siriani e libanesi».[14]

Così Naseer Aruri descrive alcuni dei protagonisti dell'esternalizzazione della questione palestinese e del suo affossamento. Un percorso accidentato ma che Washington gestisce con sapienza presentandosi come attore super partes, arbitro imparziale, quando in realtà ha sempre svolto il ruolo di cobelligerante. Fin dal momento in cui, nel secondo dopoguerra, gli Usa si sono sostituiti a Francia e Gran Bretagna nella regione, colmando il "vuoto" lasciato dalle precedenti colonizzazioni e creando una rete di alleanze nuova, fondata sul comune interesse anti-comunista.

14   N. H. Aruri, *op. cit.*

Quell'interesse, che ha da subito coinvolto alcuni paesi della regione, verrà traslato successivamente, all'indomani della scomparsa dell'Urss, in chiave anti-Iran. Sotto l'ala Usa – e di riflesso sotto quella di Israele, eletto a "cane da guardia" statunitense nella regione – si accomodano le potenze arabe, Egitto, Arabia Saudita, Giordania e Turchia. A partire dal famigerato "patto di Baghdad"[15] (precedente all'occupazione del 1967) gli Stati Uniti disegnano con l'allora presidente Truman la dottrina che guiderà gli anni a venire: la divisione del mondo arabo in Stati neutrali, filo-occidentali e nemici. Che cambieranno nel tempo (l'Egitto di Nasser allora nemico diventerà tra i primi partner Usa con Sadat prima e Mubarak poi, così come l'Iran della rivoluzione khomeinista sarà bollato come Stato canaglia dopo aver servito gli interessi statunitensi sotto lo scià), ma mantenendo un'identica struttura: alleanze arabe che ruotano intorno al pivot, Israele, e che ridimensionano la portata della questione palestinese.

Saranno la Guerra del Golfo e "l'uomo più pericoloso del mondo" Saddam Hussein a cementare, all'indomani del crollo dell'Unione sovietica, i regimi arabi intorno a Israele e al nuovo imperialismo americano. Non a caso di lì a poco la leadership palestinese in esilio si siede al tavolo di Oslo, provata dall'isolamento regionale e globale, e dalla fine del multilateralismo militare e diplomatico: «Nel nuovo assetto mondiale il contenimento aveva perso la sua logica originale come risposta alla sfida sovietica. Gli interventi in quella regione non potevano più essere spiegati in termini di aggressione sovietica o di insurrezioni sostenute dai sovietici. La retorica anti-comunista del contenimento aveva sempre mascherato il vero nemico dei piani egemonici americani: il nazionalismo del terzo mondo e la rivoluzione sociale».[16]

La natura autoritaria dei regimi arabi, le necessità strategiche dell'alleanza con gli Usa, il confronto con l'asse sciita

---

15   Firmato nel 1955 ad Ankara da Turchia, Iraq, Iran e Pakistan e noto come Cento, è un accordo di difesa reciproca anti comunista caldeggiato dalla Gran Bretagna (che ne è membro) e dagli Stati Uniti che vi prendono parte con comitati militari.

16   N. H. Aruri, *op. cit.*

(Hezbollah-Siria-Iran) sono stati, dunque, brodo di coltura delle relazioni intessute dai governi sunniti con Israele, sotto l'ombrello della Lega araba, monopolio saudita. Se di incontri segreti tra autorità israeliane e saudite se ne registrano da tempo e se la pesante sconfitta di Hamas dopo "margine protettivo" lo dimostra,[17] basta tornare indietro di pochi anni per ritrovare il piano di pace presentato nel 2002 a Beirut e poi nel 2007 dalla Lega araba: noto come "iniziativa saudita", riproponeva il vecchio mantra della pace in cambio della terra, ovvero il ritiro dai territori occupati in cambio della normalizzazione ufficiale delle relazioni con il Medio oriente.

Oggi quella normalizzazione torna con prepotenza sul tavolo immaginato dal nuovo presidente Usa, Trump, che ha pubblicamente parlato di una cooperazione diretta con i regimi arabi amici per individuare la migliore soluzione alla questione palestinese, mentre quegli stessi regimi si riorganizzano intorno all'idea di una Nato araba[18] anti-Iran. Una soluzione dalla cui definizione i palestinesi siano tagliati fuori, o almeno buona parte di loro: con Hamas che vive un pericoloso isolamento imposto da Riyadh e Il Cairo, le cancellerie arabe lavorano alacremente per plasmare la nuova leadership palestinese nell'inevitabile corsa alla poltrona oggi occupata da Abu Mazen. A emergere è Mohammed Dahlan, ex capo della sicurezza di Fatah a Gaza, uomo delle petromonarchie che ne ospitano l'esilio e ne fanno crescere il consenso in patria con generose donazioni, leader apprezzato dagli Stati Uniti con i quali avrebbe ordito il golpe contro Hamas dopo le elezioni del 2006.

A legare insieme presunti avversari non è solo una normalizzazione che permetta di fare affari in libertà e di risolvere una questione destabilizzante (in primis per la presenza di

---

17   Durante i due mesi di operazione militare, Egitto e Arabia Saudita boicottarono le proposte del movimento islamista per una tregua di lunga durata, costringendolo poi ad accettare un cessate il fuoco fine a se stesso (svuotato delle richieste palestinesi) alla fine di agosto con Gaza devastata dalla guerra.

18   Cfr. Michele Giorgio, *Una Nato araba contro l'Iran*, «il manifesto», 24 febbraio 2017, https://ilmanifesto.it/una-nato-araba-contro-liran-e-alleata-di-israele/.

milioni di rifugiati palestinesi apolidi, eccezion fatta per il caso giordano), ma anche la comune guerra all'Iran degli Ayatollah, che nonostante decenni di embargo ha saputo ergersi a potenza economica e politica nell'area. E poi c'è un terzo elemento, da non sottovalutare: l'energia. Coinvolti, intorno alla scoperta del bacino marino Leviatano (un giacimento di cinquecentotrentotto miliardi di metri cubi di gas lungo la costa israeliana), sono Turchia e Giordania. I due paesi hanno già siglato accordi miliardari con Tel Aviv.[19] E la Palestina resta indietro.

19   Con Ankara Israele ha stipulato un contratto da due miliardi e mezzo di dollari per la costruzione di un gasdotto lungo 470 chilometri, che possa trasportare verso l'Europa 16 miliardi di metri cubi di gas l'anno entro il 2020. Con Amman l'accordo passa per due compagnie private, la statunitense Nobel Energy e l'israeliana Delek Group per la vendita di 45 milioni di metri cubi di gas in quindici anni alla monarchia hashemita che pagherà dieci miliardi di dollari: il 3 marzo 2017 sono cominciate le operazioni di esportazione dal giacimento Tamar alla Giordania. È invece fallito l'accordo con l'Egitto dopo la scoperta, nel 2014, dell'enorme giacimento sottomarino di Zohr.

Conclusioni

La Palestina è scomparsa dalle cronache. Poca l'attualità, scarsi gli approfondimenti. All'escalation della colonizzazione israeliana e delle pratiche di discriminazione nei confronti della popolazione palestinese non corrisponde più un interesse altrettanto acceso da parte delle opinioni pubbliche mondiali, dei loro governi, della stampa internazionale. La Palestina non interessa più, relegata ai margini di un Medio oriente in fiamme.

Eppure è proprio in questi anni che si è sgretolata la fragile impalcatura del fittizio processo di pace cominciato nel 1993 con gli accordi di Oslo, un processo-farsa che ha istituzionalizzato le pratiche di occupazione, posto definitivamente fine alla soluzione dei "due Stati" promossa dalla comunità internazionale e occultato il principale nodo del conflitto, la questione dei rifugiati nella diaspora.

Se con Oslo doveva aprirsi la stagione della statualità palestinese, è stata proprio quella stretta di mano a cancellarne la fattibilità. Nonostante ciò la questione palestinese e il conflitto arabo-israeliano sono passati in secondo piano, il loro status di principale fonte di destabilizzazione del Medio oriente accantonato.

La ragione è rintracciabile nel raggiungimento dello status quo desiderato dalla parte forte del confronto, da Israele e dai soggetti statuali che dall'inizio del secolo scorso, nel 1948 e fino ad oggi hanno garantito il proprio sostegno al progetto sionista: Israele amplia i territori sotto il proprio ufficiale controllo, la costruzione di colonie nei territori occupati prosegue senza sosta e a ritmi abnormi, le aree strategiche della Cisgiordania e di Gaza non sono in mano all'Autorità nazionale palestinese (la valle del Giordano e i confini di Rafah e del fiume Giordano), la Palestina storica e – al suo interno – i territori occupati sono frammentati in enclavi sempre più striminzite e senza alcuna continuità o contiguità tra loro.

Israele è nella fase finale della realizzazione dello status quo immaginato dai padri fondatori, uno Stato unico dal mare al fiume Giordano dove resistono sacche minime di territorio (casa ad una popolazione palestinese condensata, massimizzata) ma il controllo totale è in mano a esercito e governo israeliani.

Una situazione potenzialmente esplosiva: la massima ambizione del popolo palestinese – uno Stato unico democratico che garantisca il ritorno dei rifugiati della diaspora, il 60% della popolazione totale, in cui ogni cittadino goda di uguali diritti e doveri a prescindere dalla propria confessione o etnia – si è translata nell'incubo peggiore. Non due Stati, per il quale rinunciare con dolore ai territori del 1948. Ma uno Stato solo, diseguale e non democratico, in cui le politiche di discriminazione si fanno legge e entrano nel pericoloso e umiliante territorio dell'apartheid di Stato. Uno Stato che annette la terra ma non i suoi abitanti, in cui una parte dei residenti effettivi (oltre cinque milioni di persone su un totale di tredici milioni tra Israele e territori occupati)[1] non è cittadino.

Impossibile non vedere in una simile situazione le radici di un conflitto che riesploderà con violenza, nel silenzio-assenso della comunità internazionale occidentale e del mondo arabo. La Palestina è scomparsa solo dalle cronache, ma il popolo palestinese esiste ancora.

---

1   La popolazione di Gaza e Cisgiordania ammonta a quattro milioni e mezzo di persone. A queste si aggiungono quattrocentosessantamila palestinesi residenti a Gerusalemme. Lo Stato di Israele conta otto milioni di abitanti, di cui sei milioni e centomila ebrei. E quasi due milioni tra arabi e altre etnie

Bibliografia

Libri

Al Azm Sadik, *1967, Self-Criticism After the Defeat*, Saqi, Londra 2011.

Arrigoni Vittorio, *Gaza. Restiamo umani*, manifestolibri, Roma 2009.

Arruffo Alessandro, *Quesione ebraica e questione israeliana*, Datanews, Roma 2004.

Aruri Naseer H., *Un broker disonesto. Gli Stati Uniti tra Israele e Palestina*, Il Ponte, Milano 2006.

Avnery Uri, *My Friend, the enemy*, Zed book, Londra 1986.

Carey Roane (a cura di), *La nuova Intifada*, Marco Tropea editore, Milano 2002.

Caridi Paola, *Hamas. Che cos'è e cosa vuole il movimento radicale palestinese*, Feltrinelli, Milano 2009.

Caridi Paola, *Gerusalemme senza Dio*, Feltrinelli, Milano 2013

Carter Jimmy, *Palestine. Peace not apartheid*, Simon and Schuster, New York 2006.

Darweish Marwan, Rigby Andrew, *Popular protest in Palestine. The uncertain future of unarmed resistance*, Pluto Press, Londra 2015.

Di Francesco Tommaso, Blasone Pino (a cura di), *La terra più amata. Voci della letteratura palestinese*, manifestolibri, Roma 1988.

Dolphin Ray, *The West Bank Wall. Unmaking Palestine*, Pluto Press, Londra 2006.

Emil Habibi, *Il pessottimista. Un arabo d'Israele*, Bompiani, Milano 2002.

Fisk Robert, *Il martirio di una nazione. Il Libano in guerra*, Il Saggiatore, Milano 2010.

Gresh Alain, *Storia dell'Olp. Verso lo Stato palestinese*, Edizioni Associate, Roma 1988.

Guazzone Laura (a cura di), *Storia ed evoluzione dell'islamismo arabo. I Fratelli musulmani e gli altri*, Mondadori, Milano 2015.

Giorgio Michele, *Nel Baratro. I Palestinesi, l'occupazione israeliana, il muro, il sequestro Arrigoni*, Alegre, Roma 2012.

Gordon Neve, *L'Occupazione israeliana*, Diabasis, Parma 2016.

Gorenberg Gershom, *Occupied Territories. The untold story of Israel's settlements*, I. B.Tauris, Londra 2006.

Gowers Andrew, Walker Tony, *Yasser Arafat e la rivoluzione palestinese. Dalla nascita di al-Fatah alla storica stretta di mano a Washington*, Gamberetti, Roma 1994.

Heacock Roger, Nassar Jamal, *Intifada. Palestine at the crossroads*, Bir Zeit University, New York 1991.

Hamzeh Muna, Todd May, *Operation Defensive Shield. Witnesses to an Isareli military crime*, Pluto Press, Londra 2003.

Hilal Jamil (a cura di), *Palestina quale futuro? La fine della soluzione dei due Stati*, Jaca Book, Milano 2007.

Hroub Khaled, *Hamas, political thought and practice*, Institute for Palestine Studies, Washington 2000.

Introvigne Massimo, *Hamas. Fondamentalismo islamico e terrorismo suicida in Palestina*, Elledici, Torino 2003.

Kanafani Ghassan, *La rivolta del 1936-1939 in Palestina. Contesto, dettagli, analisi*, Centro Documentazione Palestinese, 2016.

Kassir Samir, *Beirut. Storia di una città*, Einaudi, Torino 2009.

Nachira Cinzia, *Identità e conflitto, il caso israelo-palestinese*, Shahrazad, Roma 2008.

Pappè Ilan, *La pulizia etnica della Palestina*, Fazi Editore, Roma 2008.

Pappè Ilan, *The Idea of Israel. A history of power and knowledge,* Verso, Londra-New York 2014.

Pappè Ilan, Chomsky Noam, *Palestina e Israele. Che fare?*, Fazi Editore, Roma 2015.

Pappè Ilan, Chomsky Noam, *Ultima fermata Gaza*, Ponte alle Grazie, Milano 2010.

Peled-Elhanan Nurit, *La Palestina nei testi scolastici di Israele. Ideologia e propaganda nell'istruzione*, Edizioni Gruppo Abele, Torino 2015.

Perugini Nicola, Gordon Neve, *Il diritto umano di dominare*, Nottetempo, Roma 2016

Owen Roger, *Stato, potere e politica nella formazione del moderno Medio oriente*, Il Ponte, Bologna 2005.

Ravitzky Aviezer, *La Fine Svelata e Lo Stato degli Ebrei. Messianesimo, sionismo e radicalismo religioso in Israele*, Marietti, Genova-Milano 2007.

Roy Sarah, *Hamas and the civili society in Gaza. Engaging the Islamist Social Sector*, Princeton University Press, Princeton 2011.

Said Edward W., *La questione palestinese*, Il Saggiatore, Milano 2011.

Sand Shlomo, *L'invenzione del popolo ebraico*, Rizzoli, Milano 2010.

Schiff Ze'ev, Ya'ari Ehud, *Intifada. The Palestinian uprising - Israels third front*, Simon and Schuster, New York 1989

Segev Tom, *1967. Israel, the war, and the year that transformed the Middle East*, Metropolitan book, New York 2005.

Shahak Isarel, Mezvinsky Norton, *Jewish Fundamentalism in Israel*, Pluto press, Londra 1999.

Shlaim Avi, *Il muro di ferro. Israele e il mondo arabo*, Il Ponte, Bologna 2003.

Shavit Ari, *My Promised Land. The triumph and tragedy of Israel*, Spiegel&Grau, New York 2013.

Sibilio Simone, *Nakba. La memoria letteraria della catastrofe palestinese*, Edizioni Q, Roma 2013.

Swisher Clayton E., *The Truth about Camp David. The Untold Story About the Collapse of the Middle East Peace Process*, Nation Books, New York 2004.

Tahar Ben Jelloun, *Jenin. Un campo palestinese*, Bompiani, Milano 2002.

Tradardi Alfredo, Carminati Diana, Bartolomei Enrico, *Gaza e l'industria israeliana della violenza*, DeriveApprodi, Roma 2015.

Warschawski Michel, *A precipizio. La crisi della società israeliana*, Bollati Boringhieri, Torino 2004.

Warschawski Michel, *Israele-Palestina. La sfida binazionale. Un "sogno andaluso" del XXI secolo*, Sapere 2000 Edizioni multimediali, Roma 2002.

Weizman Eyal, *Il male minore*, Nottetempo, Roma 2009.

Valabrega Guido, *Palestina e Israele, un confronto lungo un secolo tra miti e storia*, Teti, Milano 1999.

Articoli consultati

Nur Arafeh, *Decolonising Palestinian economies*, 8 febbraio 2015, https://www.opendemocracy.net/arab-awakening/nur-arafeh/decolonising-palestinian-economies.

Ibrahim Shikaki, Joanna Springer, *Building a Failed State. Palestine's Governance and Economy Delinked*, 21 aprile 2015, https://al-shabaka.org/briefs/building-a-failed-state/.

Protocollo di Parigi, http://www.mfa.gov.il/mfa/foreignpolicy/peace/guide/pages/gaza-jericho%20agreement%20annex%20iv%20-%20economic%20protoco.aspx.

Fact sheet dell'agenzia Onu Ocha, *The humanitarian impact of the barrier*, luglio 2013, https://www.ochaopt.org/documents/ocha_opt_barrier_factsheet_july_2013_english.pdf.

Jan Selby, *The Political Economy of the Israeli-Palestinian Peace Process. An Introduction Paper for Panel on The Political Economy of Conflict Transformation*, International Studies Association, Hawaii, 1-5 March 2005.

Yezid Sayigh, *Armed struggle and State formation*, «Journal of Palestine Studies», Vol. 26, No. 4, 1997.

Manuel Hassassian, *From Armed Struggle to Negotiation*, «Palestine-Israel Journal», Vol. 1, No. 1, gennaio 1994.

Sara Roy, *The Gaza Strip. The political economy of de-development*, Institute for Palestinian Studies, Washington 1995.

Moshe h, *Prelude to the Six-Days War. The Arab-Israeli struggle over water resources*, «Israel Studies», Volume 9, Number 3, Fall 2004.

Finito di stampare
nel mese di maggio 2017
da Arti grafiche La Moderna - Roma